s. M

LA SPIRITUALITÉ DE SAINTE FAUSTINE

Chemin vers l'union avec Dieu

Traduction Beata Hrehorowicz

PIERRE TÉQUI *éditeur*
8 rue de Mézières 75006 Paris
www.editionstequi.com

Traduction : Beata Hrehorowicz

Nihil obstat : Abbé Szymon Fedorowicz

Imprimatur : Monseigneur Jan Szkodoń
Cracovie, le 22 janvier 2014

Troisième édition : Cracovie, 2014

PRÉFACE

Sœur Faustine, apôtre de la Miséricorde de Dieu, compte aujourd'hui parmi les saints les plus connus de l'Église. C'est par son intermédiaire que le Seigneur Jésus transmet au monde le grand message de la miséricorde de Dieu et indique le modèle de la perfection chrétienne fondée sur la confiance en Seigneur Dieu et sur une attitude de miséricorde envers autrui.

Elle naquit le 25 août 1905, troisième des dix enfants de Marianna et Stanisław Kowalski, agriculteurs dans le village de Głogowiec, en Pologne. elle reçut le prénom d'Hélène à son baptême qui se déroula dans l'église paroissiale de Świnice Warckie. Dès sa plus tendre enfance, elle se distingua par son goût de la prière, son zèle au travail, son obéissance ainsi que par sa grande sensibilité envers la misère humaine. À neuf ans, elle fit sa première communion qu'elle vécut profondément, consciente de la présence de l'Hôte Divin en son âme. Elle ne fréquenta l'école que pendant trois ans et quitta la maison familiale, adolescente, pour gagner son pain et aider ses parents en tant que domestique dans des familles aisées d'Aleksandrów, Łódź et Ostrówek.

C'était dès l'âge de sept ans qu'elle avait ressenti la voix de la vocation dans son âme, mais ses parents ne consentant pas à ce qu'elle entre au couvent, elle s'efforçait de l'étouffer dans son for intérieur. Cependant, pressée par la vision du Christ souffrant, elle partit pour Varsovie où, le 1er août 1925, elle intégra la congrégation des Sœurs de Notre-Dame de la Miséricorde. Ayant pris le nom de sœur Marie Faustine, elle vécut en religion treize années, en remplissant les fonctions de cuisinière, jardinière et portière dans plusieurs maisons de la congrégation, le plus longtemps à Cracovie, Wilno et Płock.

Rien ne trahissait de l'extérieur sa vie mystique d'une extrême richesse. C'est avec ardeur qu'elle accomplissait toutes ses tâches, observait les règles de son ordre, recueillie et silencieuse, mais en même temps simple, emplie d'un amour bienveillant et désintéressé. Sa vie si ordinaire en apparence, grise et monotone, cachait la profondeur extraordinaire de son union avec Dieu.

Sa spiritualité était fondée sur le mystère de la Miséricorde de Dieu qu'elle considérait dans la Parole divine et contemplait dans le quotidien de sa vie. La connaissance et la contemplation du mystère de la Miséricorde de Dieu développaient en elle une attitude de confiance d'enfant à l'égard de Dieu, et de miséricorde pour autrui. *Ô mon Jésus*, écrivait-elle, *chacun de Tes saints reflète en sa personnalité l'une de Tes vertus, moi, je désire refléter Ton Cœur compatissant et plein de Miséricorde, je veux le glorifier. Que Ta Miséricorde, ô Jésus, soit imprimée dans mon cœur et dans mon âme, tel un sceau, ce sera là mon emblème en cette vie et en l'autre* (P.J. 1242)[1].

Sœur Faustine était une fille fidèle de l'Église qu'elle aimait comme une mère et comme Corps mystique de Jésus-Christ. Consciente de son rôle au sein de l'Église, elle collaborait avec la Miséricorde divine à l'œuvre du salut des âmes égarées. Suite au souhait et en imitant l'exemple du Seigneur Jésus, elle fit offrande de sa vie dans cette intention. Dans sa vie spirituelle, elle se distinguait aussi par l'amour de l'Eucharistie et par une profonde dévotion à Notre-Dame de la Miséricorde.

Les années qu'elle passa au couvent abondaient en grâces extraordinaires : révélations, visions, stigmates cachés, participation à la Passion du Seigneur, dons de bilocation, de lecture dans les âmes humaines, de prophétie ou encore le don si peu fréquent de fiançailles et d'épousailles mystiques. Ce contact vif avec Dieu, avec la Très Sainte Mère de Dieu, avec les anges, avec les saints, avec les âmes du Purgatoire, tout cet univers surnaturel n'était pas

1. Sœur M. Faustine Kowalska, *Petit Journal*, Paris, 2013.

pour elle moins vrai et réel que celui qu'elle percevait avec ses sens. Elle écrivait dans son *Petit Journal* : *Ce ne sont ni les grâces, ni les apparitions, ni les ravissements, ni aucun don accordé qui la* [l'âme] *rendent parfaite, mais l'union intérieure de mon âme avec Dieu. Ces dons ne sont que des ornements de l'âme, mais ils ne constituent ni le contenu ni la perfection. Ma sainteté et ma perfection consistent en une étroite union de ma volonté avec celle de Dieu* (P.J. 1107).

Sœur Faustine fut élue par le Seigneur Jésus comme secrétaire et apôtre de Sa Miséricorde pour transmettre au monde un grand message. *Dans l'Ancien Testament*, lui dit-il, *j'ai envoyé à mon peuple des prophètes et avec eux la foudre. Aujourd'hui, je t'envoie vers toute l'humanité avec ma Miséricorde. Je ne veux pas punir l'humanité endolorie, mais je désire la guérir en l'étreignant sur mon Cœur miséricordieux* (P.J. 1588).

La mission de Sœur Faustine consiste en trois tâches :

– approcher et prêcher au monde la vérité révélée dans les Écritures saintes sur l'amour miséricordieux de Dieu pour chaque personne ;

– implorer la Miséricorde de Dieu pour le monde entier, en particulier pour les pécheurs, notamment à travers la pratique des formes nouvelles du culte de la Miséricorde divine définies par le Seigneur

Jésus. Ces formes sont : l'icône de Jésus Miséricordieux avec l'inscription *Jésus, j'ai confiance en Toi,* la fête de la Miséricorde divine le premier dimanche après Pâques, le chapelet à la Miséricorde divine et la prière à l'heure de la Miséricorde (à 15 heures). Jésus a lié de grandes promesses à ces formes du culte, de même qu'à la diffusion de la dévotion à la Miséricorde, à condition de faire confiance à Dieu et de pratiquer l'amour du prochain de manière active ;

– inspirer un grand mouvement d'apôtres de la Miséricorde divine qui se chargerait de prêcher et d'implorer la Miséricorde de Dieu pour le monde et qui aspirerait à la perfection chrétienne en suivant le chemin indiqué par Sœur Faustine. Ce chemin consiste en une attitude de confiance d'enfant en Dieu, laquelle s'exprime par l'accomplissement de Sa volonté, et en l'attitude de miséricorde envers autrui. Ce mouvement nouveau s'étend aujourd'hui à des millions de personnes à travers le monde : congrégations religieuses, instituts laïcs, prêtres, confréries, associations, différentes communautés d'apôtres de la Miséricorde divine et personnes qui se chargent individuellement de la tâche transmise par le Seigneur Jésus, par l'intermédiaire de Sœur Faustine.

Le message de Sœur Faustine est enregistré dans son *Petit Journal*, écrit à la demande expresse du Seigneur Jésus et de ses confesseurs. Elle y nota fidèlement toutes les paroles du Seigneur Jésus, elle décrivit aussi les rencontres de son âme avec Lui. *Secrétaire de mon plus profond mystère*, lui disait le Seigneur Jésus, *sache que tu es avec moi dans une intimité exclusive ; ton devoir est d'écrire tout ce que je te fais connaître à propos de ma Miséricorde au profit des âmes qui en lisant ces écrits seront consolées et auront le courage de s'approcher de moi* (P.J. 1693). Cet ouvrage présente d'une manière extraordinaire le mystère de la Miséricorde divine. Il éblouit non seulement de simples gens, mais également des scientifiques qui y découvrent une source supplémentaire de recherche théologique. Le *Petit Journal* a été traduit dans de nombreuses langues, notamment en anglais, allemand, italien, espagnol, français, portugais, arabe, russe, hongrois, tchèque et slovaque.

Ravagée par la maladie et différentes souffrances qu'elle supportait comme un sacrifice bénévole pour les pécheurs, en pleine maturité spirituelle et unie mystiquement à Dieu, Sœur Faustine mourut à Cracovie le 5 octobre 1938, âgée à peine de 33 ans. L'odeur de sainteté de sa vie a crû proportionnellement à la propagation de la dévotion à la Miséricorde divine et à mesure des grâces obtenues par son entremise. De 1965 à 1967 fut mené à Cracovie le procès informatif relatif à sa vie et à ses vertus, et en 1968 fut ouvert à Rome le procès de sa béatification, terminé en décembre 1992. Le 18 avril 1993, sur la place Saint-Pierre à Rome, le Saint-Père Jean-Paul II procéda à l'acte de béatification de Sœur Faustine et, le 30 avril 2000, à l'acte de sa canonisation. Les reliques de sainte Sœur Faustine reposent au sanctuaire de la Miséricorde divine de Cracovie (Kraków-Łagiewniki).

NOTION DE SPIRITUALITÉ

Si nous voulons parler des éléments essentiels de la vie spirituelle de Sœur Faustine, il nous faut d'abord préciser la notion même de spiritualité. La définition du dictionnaire dit que *la spiritualité est une pratique systématique et réfléchie d'une vie chrétienne oratoire, pieuse et conforme aux règles*[2]. D'une manière plus simple, la spiritualité embrasse tout ce qui constitue la pratique de la vie religieuse, cette réalité dans laquelle l'homme rencontre Dieu. Pour décrire la spiritualité chrétienne, on prend en considération tous les éléments ayant trait à la vie intérieure, donc la prière, l'ascèse, l'expérience des mystères de la foi, la liturgie, les formes d'imitation du Christ, mais aussi le fond social et, actuellement, les conditions psychologiques.

Dans l'histoire de la spiritualité chrétienne, il est question d'*écoles* quand nous avons affaire à un ensemble compact de méthodes oratoires qui

2. G. O'Collins, e.G. Farrugia, *Zwiêzły słownik teologiczny* [Bref dictionnaire théologique], Cracovie, 1993, p. 64.

mènent à l'union avec Dieu[3]. Les écoles de spiritualité sont le plus souvent liées au charisme des ordres tels que ceux des bénédictins, des chartreux, des dominicains, des franciscains, des carmes et des jésuites. À côté d'*écoles* dans l'histoire de la spiritualité, il est également question de *courants* qui offrent une doctrine moins compacte de vie en prière et d'ascèse[4]. Les historiens de la spiritualité chrétienne caractérisent également la spiritualité des saints, de différentes époques dans l'histoire de l'Église, et même des nations. Toute époque possède, en effet, son propre climat de vie spirituelle, son idéal de sainteté, sa manière de vivre les vérités de la foi et l'ascèse, ses propres dévotions et ses prières. Par exemple en Pologne aux XIe-XIIe siècles, l'idéal de sainteté était représenté par cet ermite mortifié dont la vie débouchait sur le martyre. C'est pourquoi les premiers saints polonais sont des bénédictins ermites, saint Adalbert y compris (qui se serait rendu, comme le supposent certains, en Prusse avec ses compagnons pour y mener une vie d'anachorète et, à partir de son ermitage, amorcer l'évangélisation des païens). Par contre au XIIIe siècle, l'idéal de sainteté n'était plus un anachorète, mais un homme vivant dans la piété au milieu du

3. K. Górski, *Zarys dziejów duchowoúci w Polsce* [Raccourci de l'histoire de la spiritualité en Pologne], Cracovie, 1986, p. 18.
4. *Ibidem*, p. 18-19.

monde ou d'une communauté monastique qu'il intégrait non pour rompre avec son passé, non pour se couper du monde pécheur, mais pour couronner sa vie sainte menée parmi les hommes[5].

L'histoire de la spiritualité chrétienne fait état d'une grande richesse et variété des manières d'éprouver le mystère de Dieu dans la vie de l'homme, de la multitude de chemins sur lesquels l'homme va rencontrer son Créateur et Sauveur, de différentes méthodes de prière et d'ascèse qui mènent vers l'union avec Lui dans l'amour, et vers la participation dans Sa mission. Par exemple, l'école bénédictine de vie intérieure est basée avant tout sur la liturgie et la réflexion sur celle-ci, alors que le mot d'ordre *ora et labora* – prie et travaille – rend à perfection le style de vie des personnes qui font l'expérience de cette spiritualité. La spiritualité dominicaine met l'accent sur l'immense rôle de la connaissance, soit du pouvoir de la raison, dans la vie intérieure, dans le contact de l'homme avec Dieu, tandis que les franciscains soulignent le travail de la volonté de l'homme qui occupe, selon eux, une place plus importante que la raison sur le chemin vers l'union avec Dieu. L'école carmélite se concentre sur la prière qui doit mener à la contemplation de Dieu pendant que la spiritualité de saint Ignace se focalise sur la méditation, la maî-

5. *Ibidem*, p. 43-44.

trise de soi et sur une collaboration raisonnable de l'homme avec Dieu, qui est une lutte pour le Royaume de Dieu sur la terre, sous la bannière du Christ.

De nos jours, dans la vie de l'Église, nous pouvons apercevoir une mosaïque richissime de diverses spiritualités. Il y a là les anciennes *écoles* issues des charismes des bénédictins, chartreux, franciscains, dominicains, carmes, jésuites, et aussi des spiritualités nouvelles dont la vie de l'Église s'enrichit grâce à l'apparition récente de mouvements et de communautés.

Dans ce panorama extrêmement vaste de la spiritualité de l'Église contemporaine, la vie spirituelle de Sœur Faustine occupe une place de grande importance. Les historiens qui se pencheront sur des spiritualités des XXe ou XXIe siècles seront amenés à évoquer le personnage de la modeste religieuse de Pologne, apôtre de la Miséricorde divine, puisque c'est dès aujourd'hui que son impact sur la vie religieuse de notre époque devient frappant, et ceci non seulement en Pologne, mais dans le monde entier. En parlant de la spiritualité de Sœur Faustine, nous prenons surtout en considération ses caractéristiques fondamentales, à savoir la connaissance du mystère de la Miséricorde divine et sa contemplation au quotidien, le perfectionnement de sa propre attitude de confiance envers Dieu et de miséricorde pour autrui, l'amour de l'Église et le souci de sauver les âmes égarées, une vie sacramentelle profonde et la dévotion à Notre-Dame.

CONNAISSANCE DU MYSTÈRE DE LA MISÉRICORDE DIVINE ET SA CONTEMPLATION AU QUOTIDIEN

Le désir de connaître Dieu est inscrit dans la nature de l'homme qui a été créé *à Son image, selon Sa ressemblance* (Gn 1,26). Dieu exauce ce désir du cœur humain, car, comme dit saint Paul : *En effet, depuis la création du monde, ses perfections visibles, éternelle puissance et divinité, sont visibles dans ses œuvres pour l'intelligence* (Rm 1,20). Une telle connaissance de Dieu, sur la base des œuvres visibles, est accessible à chaque homme qui se sert de son intelligence.

Cependant, à travers le don de la foi, les chrétiens sont susceptibles de connaître plus en profondeur Dieu, qui dans son énorme amour s'adresse aux hommes *comme on se parle d'homme à homme* (cf. Ex 33,11 ; Jn 15,14-15) et *il s'entretient avec eux* (Bar 3,38) *pour les inviter et les admettre à partager sa propre vie* (DV 2). C'est de différentes manières que, dans l'histoire, Dieu s'est révélé Lui-même et son plan de salut, en s'adressant aux hommes par l'intermédiaire des prophètes, *et en ces jours qui sont les derniers, nous a parlé à nous en un Fils* (He 1,1). *Pareille économie de la Révélation*, explique la constitution dogmatique *Dei Verbum, comprend des événements et des paroles intimement unis entre eux, de sorte que les œuvres, réalisées par Dieu dans l'histoire du salut, attestent et corroborent et la doctrine et le sens indiqués par les paroles, tandis que les paroles publient les œuvres et éclairent le mystère qu'elles contiennent* (DV 2). Ces événements et paroles recueillis dans les Livres de l'Ancien et du Nouveau Testament sont une source inépuisable de connaissance de Dieu qui se révèle par Lui-même, et de Son plan de salut à l'égard de l'homme.

Qui est Dieu ? C'est une question que Sœur Faustine s'est aussi posée à maintes reprises. *À un certain moment,* a-t-elle noté dans son *Petit Journal, je réfléchissais sur la Sainte Trinité, sur l'essence de Dieu. Je voulais absolument approfondir et connaître qui est ce Dieu… Subitement, mon esprit fut comme ravi dans l'autre monde, je vis une clarté inaccessible où brillaient comme trois sources de lumière que je ne pouvais comprendre. Et de cette clarté sortaient des paroles sous la forme de foudre, qu'encerclaient le ciel et la terre. Ne comprenant rien, j'étais toute triste. Soudain de cette mer de lumière inaccessible sortit notre bien-aimé Sauveur, dans une beauté inconcevable, ses plaies resplendissantes. Et, de cette clarté, une voix se fit entendre : ce qu'est Dieu dans son être, personne ne le saisira en profondeur, ni l'esprit angélique ni l'esprit humain. Jésus me dit : Prends conscience de Dieu par la contemplation de Ses attributs* (P.J. 30).

Cette description d'une expérience mystique rend parfaitement les difficultés auxquelles se heurte l'homme lorsqu'il cherche à approfondir le mystère de Dieu ; d'autre part, elle indique comment réaliser cette tâche consistant à connaître son Créateur. Le Seigneur Jésus disait à Sœur Faustine : *Prends conscience de Dieu par la contemplation de Ses attributs* (P.J. 30). En suivant cette indication, Sœur Faustine considérait la sainteté de Dieu devant laquelle tremblent *toutes les Puissances et les Forces. Les purs esprits voilent leur face et s'abîment dans une incessante adoration* (…). *La sainteté de Dieu,* disait-elle dans son *Petit Journal, se répand sur l'Église de Dieu et sur chaque être vivant en elle – à des degrés divers* (P.J. 180). Ensuite, le Seigneur lui a fait connaître Sa justice qui est *si grande et si pénétrante qu'elle atteint les choses dans leur essence* (P.J. 180). Enfin, elle s'est arrêtée à la contemplation des attributs suivants de Dieu, qui sont l'amour et la miséricorde. *Et j'ai compris que l'amour et la miséricorde sont les plus grands attributs. Ils unissent la créature au Créateur. J'ai connu le suprême amour et l'abîme de sa miséricorde dans l'Incarnation du Verbe, dans Sa Rédemption, et c'est ainsi que j'ai découvert que cet attribut est le plus grand en Dieu* (P.J. 180).

C'est précisément cet attribut de Dieu, Son impénétrable Miséricorde, qui repose au centre même de la spiritualité de Sœur Faustine. La connaissance de Dieu dans ce mystère et sa contemplation au quotidien sont la clé permettant de comprendre le cheminement de cette apôtre de la Miséricorde divine vers la perfection chrétienne, à travers la confiance d'un enfant envers Dieu et l'amour miséricordieux du prochain.

Connaissance du mystère de la Miséricorde de Dieu

L'homme devient apte à connaître ce mystère de notre foi, comme tout autre mystère, grâce au don du Saint-Esprit accordé au baptême, à savoir à la vertu surnaturelle de la foi. Cette aptitude à connaître Dieu découlant de la vertu de la foi fut consolidée, dans la vie de Sœur Faustine, par le don de charisme qu'elle reçut avec la grâce de vocation à intégrer la congrégation des Sœurs de Notre-Dame de la Miséricorde. Les constitutions de sa congrégation recommandaient aux Sœurs une contemplation fréquente : *Ce que fit Dieu pour sauver les âmes à la Création, ce qu'il fit et souffrit à la Rédemption et ce qu'il leur prépare en la gloire éternelle*[6]. Fidèle à cette règle de son ordre, Sœur Faustine contemplait et pénétrait le mystère de la Miséricorde de Dieu depuis l'œuvre de Création, à travers celle de Rédemption, jusqu'au fait que l'homme est destiné à la gloire éternelle.

Dans son *Petit Journal*, Sœur Faustine nous a laissé des propos extraordinaires sur la Création comme œuvre de la Miséricorde de Dieu. Elle écrivit : *Dieu, qui en Toi-même es bonheur et qui n'as nul besoin des créatures pour ce bonheur, car Tu es en Toi-même la plénitude de l'amour, cependant dans Ton infinie miséricorde, Tu appelles à l'existence les créatures et Tu leur donnes part à Ton bonheur éternel et à Ton éternelle vie intérieure dont Tu vis, Un Seul Dieu en Trois Personnes* (P.J. 1741). Sœur Faustine disait sans ambages que la Miséricorde de Dieu était l'unique motif d'appeler les créatures du néant à l'existence. Lui n'a besoin de rien pour Sa félicité et, s'il crée quoi que ce soit, ce n'est que pour cette raison qu'il est Miséricorde voulant partager le don de Son existence en admettant les êtres raisonnables jusqu'à la participation à Sa vie divine. Elle disait à un autre endroit :

Dieu, qui par Ta Miséricorde as daigné appeler le genre humain du néant à l'existence, Tu l'as com-

6. *Konstytucje Towarzystwa Matki Bożej Miłosierdzia* [constitutions de la Société de Notre-Dame de la Miséricorde], Płock, 1909, p. 6.

blé des largesses de la nature et de la grâce. Mais cela paraissait encore trop peu pour Ta bonté – Toi, Seigneur, dans Ta miséricorde, Tu nous donnes la vie éternelle. Tu nous admets à Ton bonheur éternel et Tu nous fais participer à Ta vie intérieure, et Tu le fais uniquement à cause de Ta miséricorde. Tu nous combles ainsi de Ta grâce, uniquement parce que Tu es bon et plein d'amour. Nous n'étions pas du tout nécessaires à Ton bonheur, Seigneur, mais Tu veux partager Ton propre bonheur avec nous (P.J. 1743).

Sœur Faustine a deviné qu'au centre de la Création se trouve l'homme pour qui Dieu créa l'univers entier. Il ordonna même à Ses anges de le garder en toutes ses voies (Ps 91,11). Pour cette raison, elle était émerveillée par l'amour miséricordieux de Dieu pour l'homme et s'exclamait : *Ô Dieu, avec quelle largesse Ta miséricorde est-elle répandue, et Tu as fait tout ceci pour l'homme. Oh, combien Tu dois aimer cet homme, puisque Ton amour est si actif pour lui* (P.J. 1749).

Sœur Faustine voyait dans l'œuvre de Création de l'homme et de l'univers non seulement la perfection de Dieu, Sa puissance et Sa sagesse, mais avant tout la Miséricorde qui était le motif le plus profond de Ses actions. Dieu sortit tout du néant vers l'existence, mû uniquement par Sa Miséricorde. *Tout ce qui est sorti des mains du Créateur*, disait-elle, *est enfermé dans un mystère inconceva-*

ble, c'est-à-dire dans les entrailles de Sa Miséricorde. Lorsque je médite cela, mon esprit s'arrête, mon cœur se liquéfie de joie (P.J. 1553).

L'enchantement de Sœur Faustine était d'autant plus grand lorsqu'elle considérait le mystère de la Miséricorde de Dieu dans l'œuvre de Rédemption. Elle adorait Dieu pour le don de l'incarnation de Son Fils, qui vint sur la terre pour réparer la faute d'Adam et relever l'humanité déchue, plongée dans les péchés. *La Miséricorde T'a poussé à daigner descendre,* avouait-elle dans un entretien avec Jésus, *jusqu'à nous et à nous tirer de notre misère. Dieu descendra sur la terre, le Seigneur au-dessus de tous les seigneurs, l'Immortel s'abaissera* (...). *L'inconcevable miracle de Ta Miséricorde a lieu, ô Seigneur. Le Verbe se fait chair – Dieu a habité parmi nous, le Verbe divin – la Miséricorde incarnée* (P.J. 1745). Cet abaissement de Dieu par le fait de revêtir la nature humaine est une expression de Sa Miséricorde, *excès* d'amour dont *le ciel s'étonne* (P.J. 1745). À partir de ce moment, en effet, Dieu devient très proche de l'homme puisqu'il partage avec lui sa vie terrestre en tout, à l'exception du péché.

Le mystère de la Miséricorde de Dieu se dévoile de la manière la plus complète dans celui de la Passion du Christ. *Dieu,* méditait Sœur Faustine, *qui pourrais d'un mot sauver des milliers de mondes, un soupir de Jésus donnerait satisfaction à Ta jus-*

tice, mais Toi, ô Jésus, Tu t'es chargé Toi-même, uniquement par amour pour nous, d'une si terrible passion. La justice de Ton Père aurait été fléchie par Ton seul soupir, et Ton anéantissement est uniquement l'œuvre de Ta miséricorde (P.J. 1747). Le fait de contempler le mystère pascal menait Sœur Faustine à pénétrer de plus en plus profondément le mystère de la Miséricorde de Dieu ; c'est pourquoi le Seigneur Jésus l'encouragea plus d'une fois à la méditation de Sa Passion (P.J. 149, 159, 267). *Je désire*, dit-il, *que tu connaisses plus profondément l'amour dont brûle mon cœur pour les âmes, et tu le comprendras en méditant ma passion* (P.J. 186, cf. 1663). Sœur Faustine avoua elle-même que la contemplation de la Passion du Seigneur faisait couler une grande lumière dans son âme (P.J. 267), qu'elle arrivait à mieux connaître Dieu, notamment son amour miséricordieux se penchant sur chaque être humain, en particulier sur celui dont l'âme était malade, car c'était lui le plus nécessiteux.

En considérant le mystère de la Miséricorde de Dieu dans l'ordre du salut, Sœur Faustine l'apercevait dans l'institution de l'Église, dans la Parole de Dieu, dans les saints sacrements, en particulier celui de la Réconciliation et de l'Eucharistie. *Je ne peux jamais sortir de* l'étonnement, avouait-elle, *quand le Seigneur entre en si étroite intimité avec Sa créature.* (…) *Je commence toujours cette méditation, mais je ne la finis jamais, car mon esprit s'abîme entièrement en Lui* (P.J. 1523). Elle devina que tout ce que l'homme avait, à partir de son existence jusqu'à la moindre des grâces, lui venait par la Miséricorde de Dieu. L'immensité de cette Miséricorde se dévoilait devant elle, d'une manière toute singulière, quand elle la considérait par rapport aux pécheurs. Elle priait : *Ô mon Jésus, Ta bonté dépasse ma compréhension et personne n'épuisera Ta Miséricorde. La perdition est pour l'âme qui veut se perdre – mais celui qui désire le salut trouve la mer inépuisable de la Miséricorde du Seigneur* (P.J. 631).

La part accordée à l'homme dans la gloire de Dieu est une conséquence de l'œuvre de Création et de Salut. cela est aussi un don de Sa Miséricorde. *Pendant la méditation*, écrivait Sœur Faustine, *le Seigneur m'a fait connaître la joie du ciel et des saints* (...). *Ils aiment Dieu, comme l'unique objet de leur amour, mais ils nous aiment aussi tendrement et sincèrement* (...). *Cette joie venant de la face divine se déverse sur tous, car nous Le voyons face à face. Cette face est si douce que l'âme tombe en un nouveau ravissement* (P.J. 1592).

La connaissance du mystère de la Miséricorde de Dieu dans l'œuvre de Création, de Salut et de Gloire s'opéra dans la vie de Sœur Faustine à l'aide de moyens très ordinaires, tels que la lecture spirituelle, la méditation quotidienne, l'écoute de conférences, la considération des mystères du Rosaire et des stations du chemin de Croix, les retraites annuelles (P.J. 458, 1104), la pratique sincère des saints sacrements et la participation aux fêtes d'Église et aux solennités liturgiques dans le cadre de l'année, la contemplation et la prise de conscience des biens que Dieu avait déposés dans le monde et dans sa vie personnelle. *Mon esprit s'est plongé dans les bienfaits que Dieu a répandus sur moi durant toute l'année*, écrivit-elle à la fin de 1936. *Mon âme a tremblé à la vue de l'immensité des grâces du Seigneur. De mon âme a jailli un hymne d'action de grâce. Toute une heure durant je me suis plongée dans l'adoration et dans l'action de grâce, méditant chacun des bienfaits de Dieu* (P.J. 855). C'est un élément de grande importance pour la connaissance du mystère de la Miséricorde divine que de l'apercevoir dans sa propre existence. Alors, ce mystère cesse d'être une abstraction, quelque chose de beau mais d'insaisissable pour revêtir des formes concrètes dans le quotidien de l'homme. Agissant ainsi, Sœur Faustine aperçut que toute sa vie était plongée dans la Miséricorde de Dieu. *Mon âme baigne chaque jour dans les rayons de Ta miséricorde*, écrivit-elle, *je ne connais pas de moment dans ma vie dans lequel je n'ai pas éprouvé Ta Miséricorde* (P.J. 697). Elle est comme *un fil d'or* qui passe à travers notre vie, *c'est elle qui maintient le contact entre notre existence et Dieu dans tous les domaines* (...). *De joie, je perds l'usage de mes sens*, avouait-elle, *lorsque Dieu me fait connaître plus profondément Son grand attribut, c'est-à-dire Son insondable Miséricorde* (P.J. 1466).

Sœur Faustine aperçut également un moyen supplémentaire pour arriver à connaître Dieu et l'appliqua elle-même : c'était l'amour de Dieu s'exprimant dans la pratique de l'amour du prochain. *J'ai appris et expérimenté que les âmes qui vivent dans l'amour se distinguent par une grande lumière dans la connaissance des choses divines, tant en leur âme que dans les âmes des autres. Et les âmes simples, sans instruction, se distinguent par leur savoir* (P.J. 1191). Sœur Faustine se rendait aussi parfaitement compte du fait que non seulement ses propres efforts permettaient à l'homme de connaître le mystère de la Miséricorde divine, mais que le travail de l'intelligence humaine devait être appuyé par la grâce divine. C'est pourquoi, elle implorait : *Ô mon Jésus, donne-moi la sagesse, donne-moi une raison grande et éclairée par Ta lumière, et cela uniquement dans le but de mieux te connaître, ô Seigneur, car plus je Te connaîtrai, plus ardemment je T'aimerai* (P.J. 1030, cf. 1474).

La pénétration systématique du mystère de la Miséricorde divine faisait naître de l'inassouvissement dans son cœur : *Plus je Te connais, moins je Te comprends, mais parce que je ne puis Te comprendre, je conçois mieux Ta grandeur* (P.J. 278). Sœur Faustine éprouvait cette vérité que Dieu était un mystère que l'intelligence humaine ne saurait pénétrer. Mais il suffit déjà de cette seule connaissance qui donne à l'homme une intelligence éclairée par la foi pour pouvoir constater après Sœur Faustine : *Je T'ai connu, ô Dieu, comme une source de Miséricorde qui ravive et nourrit chaque âme. Oh ! que la Miséricorde du Seigneur est grande, elle surpasse tous Ses attributs ; et la Miséricorde est le plus grand attribut de Dieu, tout ce qui m'entoure m'en parle* (P.J. 611).

Contemplation du mystère de la Miséricorde de Dieu dans le quotidien

La considération systématique du mystère de la Miséricorde de Dieu faisait naître dans l'âme de Sœur Faustine le désir de refléter cet attribut de Dieu dans son propre cœur et dans ses actes, ce qui exigeait d'elle un travail permanent sur elle-même, une attitude de conversion permanente et d'aspiration à la perfection chrétienne. Une âme ainsi intentionnée parvient à l'état de contemplation de Dieu.

Le terme de *contemplation* dans la vie religieuse signifie un *colloque imprégné de paix de l'homme en présence de son Dieu*[7]. La contemplation exclut un long raisonnement (c'est en quoi elle se distingue de la méditation) de même que la multitude de sen-

7. K. Rahner, M. Vorgrimler, *Mały słownik teologiczny* [Petit dictionnaire théologique], Varsovie, 1987, p. 183.

timents caractéristiques de la *prière* dite *des sentiments. La contemplation acquise*, comme l'affirme Tanquerey, *est une prière des sentiments simplifiée, un acte de simple regard de Dieu accompagné du sentiment d'admiration et d'amour*[8]. En dehors de la contemplation acquise à laquelle l'homme peut accéder par la grâce de Dieu et par l'effort de son intelligence, il existe encore une *contemplation infuse*, celle-ci étant un don de Dieu exclusif pour l'homme. Elle s'opère dans l'âme non grâce à l'inspiration et aux efforts de l'homme, mais elle naît sous l'inspiration des dons du Saint-Esprit, par l'initiative de Dieu. Les âmes qui parviennent à l'état de contemplation *ne nécessitent pas de longues considérations ni investigations spirituelles, mais elles accèdent à une connaissance de Dieu plutôt spontanée, sans conclusions, c'est comme si elles se promenaient devant Dieu, et qu'elles aiment Dieu d'un amour intuitif en quelque sorte, tel un enfant qui chérit sa bonne mère. De telles âmes ont de la peine à comprendre comment il est possible de ne pas aimer Dieu, de vivre sans Lui*[9].

8. A. Tanquerey, *Zarys teologii ascetycznej i mistycznej* [Esquisse de la théologie ascétique et mystique], Cracovie, 1928, v. II, p. 522.
9. A. Żychliński, *Teologia życia wewnętrznego* [Théologie de la vie intérieure], Kielce, 1947, p. 33.

La vie contemplative s'associe très souvent à l'isolement, à la solitude et à la prière. Ce sont, en effet, des conditions propices à la contemplation, mais elles ne sont pas prérequises. Bien qu'elle se soit déroulée entre les murs d'un cloître, la vie de Sœur Faustine montre que la contemplation est possible dans tous les lieux, et non seulement dans une chapelle, pendant la prière, mais aussi au travail et dans toutes les circonstances de la vie quotidienne, car son essence n'est pas la séparation du monde, mais un contact conscient avec Dieu. Avant de saisir cette vérité elle-même, Sœur Faustine cherchait à réaliser d'abord son désir de vie contemplative dans la stricte clôture : voilà pourquoi, au bout de trois semaines passées au sein de la congrégation des Sœurs de Notre-Dame de la Miséricorde, elle voulut entrer dans un couvent *plus strict* (P.J. 18). Mais le Seigneur Jésus ne la laissa pas quitter cette congrégation en tant que postulante, ni au moment de sa profession perpétuelle, lorsque, désireuse d'accomplir la volonté de Dieu, elle pensait fonder un ordre contemplatif qui eût prêché et imploré la Miséricorde divine pour le monde. Le Seigneur Jésus fit qu'elle demeura jusqu'à la fin de ses jours dans la congrégation à laquelle il l'avait appelée, pour prouver notamment qu'il était possible d'atteindre les sommets mêmes de la vie contemplative dans chaque vocation, dans toutes les conditions, dans la grisaille de la vie quotidienne, en vaquant à ses devoirs les plus prosaïques. Il faut cependant satisfaire d'abord à des exigences déterminées, c'est-à-dire mener une vie d'ascèse et veiller à l'esprit de la prière. Ce fut le chemin frayé déjà par des milliers de fidèles, que prit aussi Sœur Faustine pour nous laisser un exemple de vie contemplative au quotidien.

Il y a dans le *Petit Journal* de Sœur Faustine un grand nombre de descriptions de la prière par laquelle elle intégrait un état de contemplation. *Jésus – mon Amour – m'a fait comprendre aujourd'hui combien il m'aime, quoiqu'il y ait un si grand abîme entre nous : le Créateur et la créature, et cependant il y a une sorte d'égalité – l'amour qui comble cet abîme. Lui-même s'abaisse vers moi et me rend capable d'être en union avec Lui. Je me suis abîmée en lui en me perdant complètement – et, cependant, sous son regard miséricordieux mon âme prend de la vigueur et de la force, elle prend conscience qu'elle aime et est particulièrement aimée, elle sait que le Tout-Puissant la défend* (P.J. 815). Quand elle réfléchissait sur le mystère de la Miséricorde de Dieu, et qu'elle considérait les bienfaits accordés par Dieu aux hommes, c'est alors, comme elle l'avouait, qu'elle commençait cette méditation, mais elle ne pouvait la finir, car son esprit s'abîmait entièrement en Lui (P.J. 1523). *Je n'en reviens pas quand je reconnais et que j'éprouve cet inconcevable amour de Dieu, avec lequel Dieu m'aime. Qui est Dieu – et qui suis-je, moi ? Je ne peux méditer plus longtemps. L'amour seul comprend cette rencontre et cette union de deux esprits, c'est Dieu – Esprit – et l'âme de la créature. Plus je Le connais, plus je sombre en Lui de toute la force de mon être* (P.J. 729).

La connaissance par la raison, par la méditation du mystère de la Miséricorde de Dieu prenait la forme d'actes de contemplation, c'est-à-dire de regard plus simple lié à un sentiment d'admiration et d'amour orienté vers Dieu. Chaque acte de contemplation s'imprimait en l'âme de Sœur Faustine par une connaissance plus profonde de Dieu, l'intelligence de Sa Miséricorde, mais aussi une meilleure connaissance d'elle-même. *Pendant ces moments je découvre la grandeur de Dieu et ma propre misère* (P.J. 289). Cependant, *une telle connaissance ne me déprime pas, ni ne m'éloigne pas du Seigneur, mais elle éveille plutôt dans mon âme un plus grand amour et une confiance sans bornes, et le repentir de mon cœur est uni à l'amour* (P.J. 852). Ces actes de contemplation, tout fugitifs fussent-ils parfois, se gravèrent dans l'âme de Sœur Faustine non seulement par une connaissance plus parfaite de Dieu et de Ses attributs, plus particulièrement de Sa Miséricorde, en la sensibilisant à Sa présence, mais aussi activèrent son amour envers Dieu et des âmes, et son ardeur à accomplir chacune de Ses volontés.

La contemplation dans la vie de Sœur Faustine ne se réduisait pas aux moments de la prière, mais elle s'étendait à toute son existence. En effet, la connaissance du mystère de la Miséricorde divine lui permit de découvrir Dieu dans son âme et, pour cette raison, elle ne Le cherchait plus très loin, elle n'était pas obligée d'aller devant le tabernacle pour Le rencontrer, mais elle était près de Lui au fond de son être, où qu'elle se trouvât. *L'intérieur de mon âme est comme un monde grand et magnifique*, écrivait-elle, *où Dieu demeure avec moi. En dehors de Dieu, personne n'y a accès* (P.J. 582, cf. 193, 1385, 1021). Le motif de la présence de Dieu vivant dans son âme apparaît à maintes reprises dans le *Petit Journal*. *Je sens que tu demeures en moi avec le Père et l'Esprit saint, ou plutôt, je sens que c'est moi qui vis en Toi, ô Dieu inconcevable* (...). *Ô mon Dieu, je t'ai connu à l'intérieur de mon cœur et je T'aime par-dessus tout ce qui existe sur la terre et au ciel* (P.J. 478). Elle comparait son âme au tabernacle dans lequel demeure l'Hostie vivante (P.J. 1302), et elle s'unissait au Seigneur au fond de son être. *Je ne cherche pas de bonheur en dehors de mon intérieur où demeure Dieu. Je me réjouis de Dieu à l'intérieur de moi-même, là je demeure sans cesse avec Lui, là est ma plus grande intimité avec Lui, là je demeure en sécurité, là le regard humain ne parvient pas. La Sainte Vierge m'encourage à me comporter de la sorte avec Dieu* (P.J. 454, P. J. 1793).

C'est aussi le Seigneur Jésus qui apprit à Sœur Faustine cette union avec Dieu au fond de son âme, à force de lui expliquer qu'Il y était présent en permanence, même lorsqu'elle ne L'apercevait pas et que seul le péché grave Le chassait de l'âme (P.J. 1181), de même quand Il annonçait qu'Il lui dirait le plus dans les profondeurs de son cœur où personne ne peut empêcher Son action (P.J. 581) et qu'Il lui expliquait la grande valeur d'un seul acte de pur amour envers Lui (P.J. 576) en l'incitant à s'unir perpétuellement à Lui par l'amour (P.J. 576), à unir ses prières, ses jeûnes, ses mortifications, ses travaux et toutes ses souffrances à Ses prières, Son jeûne, Sa mortification, Son travail et Ses souffrances (P.J. 531). Sœur Faustine profitait avec assiduité de tous les conseils qu'elle recevait du Seigneur Jésus et de la Mère de Dieu, c'est pourquoi l'union avec Dieu au fond de son âme devint pour elle la vie même. *Je sens que Dieu est dans mon cœur. Et le fait que je sente la présence de Dieu dans mon cœur ne me dérange pas dans l'accomplissement de mes devoirs ; même dans les affaires les plus importantes, qui exigent un effort d'attention, je ne perds pas la présence de Dieu dans mon âme et je lui reste étroitement unie. Avec Lui, je vais à mon travail, avec Lui je vais en recréation, avec Lui je souffre, avec Lui je me réjouis, je vis en Lui et Lui en moi. Je ne suis jamais seule, car Il est mon com-*

pagnon de tous les instants. Il m'est présent à chaque moment (P.J. 318).

Sœur Faustine consolidait la contemplation de Dieu vivant dans son âme, par la pratique permanente d'union au Christ miséricordieux (P.J. 743, 790, 861, 905, 1105, 1778 et autres). C'était sa résolution quotidienne à l'examen de conscience particulier, pendant de longues années. *Cet exercice me donne une force étrange*, a-t-elle remarqué, *mon cœur est toujours uni à Celui qu'il désire – et mes actes sont réglés par la miséricorde qui découle de l'amour* (P.J. 703). *Avec Lui, en Lui et par Lui, je rends gloire à Dieu* (P.J. 1177). Quand elle voulut changer cette pratique, le Seigneur Jésus l'empêcha de le faire en lui recommandant de continuer sans cesse à s'unir à Lui, présent dans son âme (P.J. 1544). Ses tâches ne dérangeaient pas cette union à Jésus, car elle ne se laissait pas entraîner par le tourbillon du travail et par d'autres choses extérieures (P.J. 226, 582). Elle passait tous les instants libres avec l'Hôte divin à l'intérieur de son âme (P.J. 504), elle puisait en Lui la lumière et la force de combattre toutes les difficultés et contrariétés (P.J. 193), ces dernières ne lui étant pas épargnées, comme nous le savons.

La conscience de la présence de Jésus dans son âme et Sa contemplation sensibilisaient Sœur Faustine à toute autre manifestation de Sa présence et à Ses souhaits. Elle l'apercevait partout. *Tout ce qui m'entoure est comblé de Dieu, et c'est mon âme qui l'est le plus, celle qui est ornée de la grâce de Dieu* (P.J. 887). Elle savait retrouver Dieu dans le prochain, dans différentes circonstances de la vie de tous les jours, et même – comme elle le dit elle-même – *dans les choses les plus secrètes* (P.J. 148) ; elle voyait partout Sa bonté, également dans des circonstances difficilement acceptables pour l'homme. Le fait de demeurer avec son Bien-Aimé au fond de son âme la rendait sensible à toute manifestation de Sa volonté, même à la moindre voix d'inspiration spirituelle, à laquelle elle répondait par amour, bien qu'elle eût souvent à payer un prix élevé de peines et de souffrances. Elle accueillait cette présence de Dieu dans son âme, cette possibilité d'une intimité si simple avec Jésus, de la vie avec Lui, en Lui et pour Lui chaque jour et à tout moment, ainsi que la révélation de Sa volonté comme un don inconcevable de la Miséricorde divine. Plus d'une fois, elle écrivait qu'elle ne pouvait pas sortir de l'étonnement quand elle contemplait ce mystère de notre foi (P.J. 1523), car : *tout commence par Ta Miséricorde et se termine par Ta Miséricorde* (P.J. 1506).

Après avoir traversé l'expérience des nuits passives des sens et de l'esprit, Sœur Faustine éprouvait aussi souvent des états de contemplation infuse. Dieu avait pris possession absolue de son âme, et à ces moments-là, elle s'unissait à Lui sans effort, d'une manière simple et amoureuse. *Je suis souvent en relation avec le Seigneur de façon plus profonde. Les sens restent assoupis, et quoique ce soit imperceptible, les choses sont pour moi plus réelles et plus claires que si je les voyais de mes yeux. En un instant l'esprit discerne plus que durant de longues années de réflexions approfondies et de méditations, en ce qui concerne l'essence de Dieu, de même en ce qui concerne les vérités révélées ainsi que la connaissance de ma propre misère* (P.J. 882).

Dépourvue de toute formation théologique, Sœur Faustine nous a laissé des descriptions de la contemplation infuse d'une beauté extraordinaire, dans lesquelles elle a exprimé de façon pertinente, et dans un langage simple en même temps, ce qui était son essence, les effets et la façon dont son âme vivait ces états. *Ma relation avec le Seigneur*, a-t-elle noté dans son *Petit Journal, est maintenant purement spirituelle, mon âme est touchée par Dieu et se plonge entièrement en Lui jusqu'à l'oubli d'elle-même ; pénétrée par Dieu, elle sombre dans Sa beauté, elle sombre toute en Lui – je ne sais le décrire, car en écrivant j'emploie les sens, et là, dans cette union, les sens n'agissent pas, il y a fusion entre Dieu et l'âme, la vie en Dieu à laquelle est admise l'âme est si grande que cela ne peut pas s'exprimer par la parole. Quand l'âme revient à la vie ordinaire, elle voit que cette vie est un crépuscule, un brouillard, un désordre, l'emmaillotement d'un petit enfant. Dans de tels moments, l'âme ne fait que recevoir de Dieu, car d'elle-même, elle ne fait rien, elle ne fait pas le moindre effort, Dieu fait tout en elle* (P.J. 767).

Les actes de contemplation infuse n'apparaissaient que de temps en temps, au début de la vie de Sœur Faustine, et ceci encore avant qu'elle n'entrât au couvent (P.J. 1404, 770), pour devenir plus fréquents, en particulier, après les nuits passives de l'esprit qui la rendaient capable d'entrer en union intime avec Dieu. Souvent, les actes de contemplation infuse se prolongeaient et duraient des journées entières. elle nota : *Toute la journée, je vécus dans cette immersion en Dieu sans aucune interruption, le soir je suis entrée tout à coup comme dans un évanouissement, et dans une étrange sorte d'agonie ; mon amour désire égaler l'amour de ce puissant souverain. Il est si violemment attiré vers Lui que sans une grâce spéciale de Dieu, il est impossible de supporter cette quantité de grâces, mais je vois clairement que Jésus lui-même me soutient, me fortifie et me rend capable de me maintenir en Sa présence* (P.J. 708, cf. 1246).

Cette grâce de contemplation infuse, comme il résulte des notes de Sœur Faustine, lui avait été obtenue par la Mère de Dieu qui lui enseigna à maintes reprises la conduite de la vie intérieure. *Efforce-toi à la douceur et à l'humilité*, disait-elle, *pour que Jésus qui habite constamment dans ton cœur, puisse se reposer. Adore-Le dans ton cœur, ne sors pas de ton intérieur* (...) *J'obtiendrai pour toi la grâce d'une vie intérieure telle que, tout en restant à l'intérieur de toi-même, tu puisses accomplir à l'extérieur tous tes devoirs avec un soin encore plus grand* (P.J. 785). Ces propos dans le *Petit Journal* de Sœur Faustine confirment l'opinion de ces théologiens selon lesquels la contemplation infuse est un don de Dieu, et que l'homme n'est pas capable d'y accéder par son propre effort de l'esprit et par une simple coopération avec la grâce divine. Dieu accorde cette grâce, ce don de contemplation infuse aux âmes qui sont susceptibles de l'accueillir, c'est-à-dire à celles qui ont traversé des purifications extrêmement douloureuses, au cours des nuits passives.

Néanmoins de nombreux théologiens sont d'accord pour affirmer que tout chrétien peut atteindre à l'état de la contemplation acquise. C'est un processus de découverte de Dieu dans son âme qui consiste à éprouver Sa puissance[10] ; cet état entre dans les limites des possibilités de l'esprit humain qui coopère avec la grâce de Dieu. C'est précisément Sœur Faustine qui nous enseigne la recherche de ce don inconcevable accordé par Dieu à l'âme humaine, ce don étant Dieu Lui-même ; elle dit comment devenir une personne contemplative en

10. L. Orsy, *Kontemplatywni w działaniu* [Contemplatifs en action], Cracovie, 1992, p. 18.

action. elle enseigne qu'il faut se décider à mener sa vie intérieure d'une manière intense et très honnête, car il est nécessaire de purifier l'âme non seulement du péché, mais encore des contenus que lui fournissent les sens, l'univers de l'intelligence créatrice, pour intégrer l'univers fascinant de la foi. Plus l'âme est purifiée, plus l'homme est capable de découvrir Dieu vivant dans son âme, de développer des liens personnels avec Lui, de procéder aux actes de Sa contemplation, qu'il vive au couvent ou dans le monde. Une telle âme pourra souscrire à ce propos de Sœur Faustine : *Mon esprit est avec Dieu, mes entrailles sont pleines de Dieu, je ne Le cherche donc pas en dehors de moi-même. Lui, le Seigneur, transperce mon âme, comme le rayon de soleil transperce le verre clair. Avec ma propre mère, lorsque j'étais enfermée dans son sein, je ne lui étais pas aussi unie que je le suis à mon Dieu ; là c'était l'inconscience, ici c'est la plénitude de la réalité, ainsi que la conscience de l'union* (P.J. 883).

ATTITUDE DE CONFIANCE ET DE MISÉRICORDE

Bien que Sœur Faustine n'ait pas laissé dans ses écrits de doctrine de la vie intérieure exposée de façon systématique, comme le fit le cultivé saint Jean de la Croix ou sainte Thérèse d'Avila, elle apparaît néanmoins comme celle qui apporte dans la vie de l'Église une école nouvelle de spiritualité, basée sur l'expérience profonde du mystère de la Miséricorde de Dieu dont découle une attitude de confiance en Dieu et de miséricorde envers les autres. Le Seigneur Jésus, qui était Maître de la vie intérieure de Sœur Faustine, exigeait d'elle ces deux attitudes précisément. *Ma fille,* disait-il, *si par toi j'exige que les hommes honorent ma Miséricorde, toi la première, tu dois te distinguer par cette confiance en ma Miséricorde. J'exige de toi des actes de miséricorde qui doivent découler de ton amour pour moi. Tu dois témoigner aux autres la miséricorde, toujours et partout, tu ne peux pas t'en écarter, ni t'excuser, ni te justifier* (P.J. 742).

Les caractéristiques de la spiritualité ainsi conçues, dégageant l'attitude fondamentale de l'homme dans sa dimension verticale (l'amour de Dieu) et horizontale (l'amour du prochain), trouvent une légitimation profonde dans la dévotion à la Miséricorde divine dont l'essence est précisément constituée par la confiance faite à Dieu et par l'amour actif du prochain. Monseigneur l'évêque Stanislaw Nowak écrit : *En effet, c'est à ces deux attitudes fondamentales de l'âme que se réduit ce qu'il y a de plus essentiel dans une spiritualité qui découle du Culte de la Miséricorde divine*[11], de la découverte du mystère de la Miséricorde divine et de sa contemplation au quotidien.

L'attitude de confiance

Dans le langage commun, les mots *J'ai confiance* signifient simplement : je crois absolument une autre personne, je lui confie ma vie, ce que je suis en train de vivre au présent et mon avenir, je sais que je peux compter sur elle, je suis sûr de son amour désintéressé et de son aide en cas de

11. St. Nowak, *Błogosławiona Faustyna jako wzór zawierzenia Bogu i miłosierdzia wobec bliünich dla apostołów Bożego Miłosierdzia* [Bienheureuse Faustine comme modèle d'abandon à Dieu et de miséricorde à l'égard du prochain], in : *Apostolski ruch Bożego Miłosierdzia. Materiały z sympozjum* [Mouvement des apôtres de la Miséricorde divine], Cracovie, 1996, p. 117.

besoin. Un tel concept de confiance est proche de la notion biblique de foi, de confiance qui est la réponse de l'homme au don de Dieu révélant son amour miséricordieux. C'est aussi cette notion de confiance que nous retrouvons dans les écrits de Sœur Faustine.

Ainsi la confiance chez Sœur Faustine n'est-elle pas une vertu isolée dérivée de l'espoir ou identifiable à celui-ci, mais une attitude qui s'étend à toutes les dimensions et relations susceptibles d'intervenir entre l'homme et Dieu. L'abbé Ignace Różycki écrit que *le Seigneur Jésus appelait « foi »* cette attitude de l'homme dans sa vie face à Dieu *et Il l'attendait de ses disciples quand Il disait* : « *Si vous avez de la foi comme un grain de sénevé, vous direz à cette montagne : "Passe d'ici là, et elle y passera, et rien ne vous sera impossible"* » (Mt 17,20). Il s'agit donc d'une attitude de confiance absolue en Dieu qui permet de *déplacer les montagnes*. L'abbé Różycki dit que saint Paul et toute la théologie chrétienne après lui nommaient la même attitude *espoir* qui *naît d'une foi vive en l'infini de l'amour et de la bonté de Dieu pour nous. L'espoir est inséparablement lié à l'humilité, c'est-à-dire à la conviction sincère et profonde que tout le bien qui est en nous et que nous faisons est l'œuvre et un don de Dieu, et que nous n'avons rien que nous n'ayons pas reçu de Dieu. Cette confiance-espoir est l'ouverture de l'âme prête à recevoir la grâce de Dieu et un cri pour l'obtenir*[12].

La confiance en Dieu dans l'expérience de Sœur Faustine, dit monseigneur Stanisław Nowak, *comporte une richesse toute singulière de vertus et d'attitudes morales chrétiennes*[13].

La confiance n'est pas une vertu unique dans la vie de Sœur Faustine, mais c'est l'attitude globale de toute son existence qui définit le rapport de l'homme à Dieu et qui se compose d'*une richesse toute singulière de vertus et d'attitudes morales chrétiennes*. *Dans la vie de Sœur Faustine*, dit monseigneur Nowak, *faire confiance ne veut pas seulement dire croire Dieu. C'est une confiance remplie d'intimité d'enfant*[14], donc de dévouement absolu dans l'amour. La confiance désigne ainsi non seulement une attitude qui découle des vertus de la foi et de l'espoir, mais aussi un *lien* particulier *d'amour et de communauté de vie avec Jésus*, la participation à Sa vie, Sa Passion, Sa mort et Sa Résurrection de même qu'à Sa mission de salut, par l'obéissance à la volonté du Père. Ainsi l'attitude de confiance

12. Ignace Różycki, *Miłosierdzie Boże. Zasadnicze rysy Nabożeństwa do Miłosierdzia Bożego* [Miséricorde Divine. Traité de la dévotion à la Miséricorde divine], Cracovie, 1982, p. 16.
13. *St. Nowak, Błogosławiona Faustyna, op. cit.,* p. 120.
14. *Ibidem,* p. 120.

dans la vie et les écrits de Sœur Faustine se compose-t-elle des vertus théologales et morales qui conditionnent un abandon d'enfant, sans bornes, à Dieu : foi, espoir, amour, humilité et repentir.

La seconde conclusion qui s'impose à la lecture du *Petit Journal* est que la confiance n'est pas une attitude abstraite qui consisterait par exemple en une acceptation intellectuelle des vérités révélées ou en un sentiment pieux. La confiance est une attitude très concrète puisqu'elle relève de ce critère extrêmement palpable qu'est l'accomplissement de la volonté de Dieu. L'homme qui a réellement confiance en Dieu sait qu'Il dit la vérité, qu'Il ne désire rien d'autre que le bien tant temporel qu'éternel de l'homme, que la volonté divine est un don de Sa miséricorde et, pour cette raison, l'homme l'accomplit sans regarder si elle est compatible avec ses sentiments et avec la logique de la raison humaine ou si elle ne l'est pas. En effet, à celui qui fait confiance, la volonté de Dieu apparaît comme la *Miséricorde même*, ce que Sœur Faustine répétait souvent. *Je fais attention à une parole*, écrivait-elle, *et j'en tiens toujours compte, elle est tout pour moi, j'en vis et avec elle je meurs, et c'est la sainte volonté de Dieu. Elle est pour moi une nourriture quotidienne, toute mon âme écoute attentivement les désirs de Dieu, je fais toujours ce que Dieu exige de moi, quoique parfois ma nature tremble et je sens que leur grandeur dépasse mes forces. Je sais ce que je suis de moi-même, mais je sais bien ce que c'est la grâce de Dieu qui me soutient* (P.J. 652). Ainsi l'accomplissement de la volonté divine est-il le critère, le témoignage de notre confiance. Nous ne sommes confiants vraiment que dans la mesure où nous remplissons la volonté divine contenue dans les commandements, les devoirs d'état ou les inspirations reconnues du Saint-Esprit.

L'accomplissement de la volonté de Dieu est la mesure de la perfection de l'attitude de confiance. Sœur Faustine énumère ici trois degrés : le premier degré d'accomplissement de la volonté divine consiste à accomplir tout ce qui est contenu extérieurement dans les commandements, règles et statuts, le second degré consiste à être fidèle aux inspirations intérieures accordées par l'Esprit saint et le troisième, c'est s'abandonner complètement à la volonté de Dieu (P.J. 444). Le développement de l'attitude de confiance s'aligne à ces trois degrés. La confiance n'est pas en effet une position statique, mais dynamique, ainsi est-elle susceptible d'évolution ; c'est un processus qui exige du temps et la collaboration de l'homme avec la grâce divine.

Dans cette évolution, le point de départ est le don de la foi qui permet la connaissance du mystère de la Miséricorde divine. *Souvent je prie le Seigneur Jésus de me donner une raison éclairée par la foi*, disait Sœur Faustine dans son *Petit Journal*. *J'exprime cela au Seigneur par ces mots : Donne-moi,*

Jésus, l'intelligence et une grande intelligence uniquement afin de mieux Te connaître, car plus je Te connais, plus je T'aime ardemment (P.J. 1474). Grâce à la foi, Sœur Faustine accédait à une connaissance de plus en plus complète de Dieu, notamment de Son attribut le plus grand qu'est la Miséricorde. La connaissance du mystère de la Miséricorde divine est la base de l'attitude de confiance, car on ne saurait se fier à quelqu'un, se donner complètement à quelqu'un qu'on ne connaît pas. Au fur et à mesure que Sœur Faustine pénétrait le mystère de la Miséricorde de Dieu, sa confiance en Lui allait croissant dans son existence. Elle écrivit dans le *Petit Journal* : *Je sens que je suis toute à Dieu, je sais que je suis Son enfant, je sens que suis tout entière propriété de Dieu. J'expérimente ceci même de façon physique et sensible. Je suis parfaitement tranquille en tout, car je sais que c'est l'affaire de l'Époux de penser à moi. Je me suis complètement oubliée moi-même. Ma confiance dans Son Cœur très miséricordieux est sans bornes* (P.J. 244). Elle vivait profondément le mystère de l'enfance divine, c'est pourquoi elle s'étonnait qu'on puisse ne pas faire confiance à un Dieu qui peut tout, qui est la sagesse même et qui aime l'homme d'un amour infini.

La pratique constante de Sœur Faustine consistant à s'unir à Jésus miséricordieux habitant au fond de son âme et à contempler dans la vie quotidienne le mystère de la Miséricorde divine eut une immense importance pour la croissance, dans sa vie, de l'attitude de confiance. Mais il avait fallu d'abord découvrir la présence de Dieu dans son âme. Le Seigneur Jésus lui apprit Sa présence dans son âme et Il voulait qu'elle pratiquât la résolution de s'unir à Lui. La contemplation du Dieu vivant dans l'âme, appuyée par la pratique constante d'union à Jésus à l'aide d'une prière jaculatoire ou d'un acte d'amour exprimé d'une autre manière, faisait progresser son attitude de confiance. Car voici que Celui en qui elle a déposé toute sa confiance est tout près, tout près et si étroitement uni comme cela est impossible dans les relations entre personnes humaines. Et celui qui habite son âme est le Créateur qui soutient l'univers entier dans son existence, et en même temps le Sauveur à propos duquel elle pouvait répéter après saint Paul : [Il] *m'a aimé et s'est livré pour moi* (Ga 2, 20).

La connaissance du mystère de la Miséricorde divine et sa contemplation au quotidien étaient la base de la naissance et du développement de l'attitude de confiance. En travaillant sur cette attitude, Sœur Faustine avait recours aussi à d'autres moyens tels que la prière, la vie en ascèse, donc l'écart de tout ce qui empêchait l'union de plus en plus parfaite avec Dieu. Elle visait à acquérir des vertus, c'est-à-dire des performances morales positives, en particulier celles qui conditionnent l'attitude de confiance : la foi, l'espoir, l'amour, l'humilité et le repentir. L'accomplissement fidèle, chaque jour, de la volonté de Dieu était un moyen très important de consolider cette attitude, car elle est une expression de confiance en Dieu, de même que les rencontres personnelles avec Jésus dans l'examen de conscience. Elle passait une épreuve importante de confiance aux moments de souffrance et d'expériences spirituelles douloureuses. Elle ne cherchait pas alors de réconfort auprès des hommes, mais allait au tabernacle pour dire : [Seigneur] *Même si Tu me tues, j'aurai confiance en Toi* (P.J. 77). *Lorsque mon âme est tourmentée*, avouait-elle à un autre endroit, *je pense seulement ceci : Jésus est bon et plein de miséricorde, et même si la terre devait me manquer sous les pieds, je ne cesserais pas de Lui faire confiance* (P.J. 1192).

Il faut reconnaître qu'en développant son attitude de confiance, Sœur Faustine recourait à des moyens très simples, ordinaires, qui sont à la portée de tous. Ce qui comptait, c'est qu'elle les appliquait avec conséquence, ce qui exigeait parfois une grande trempe de l'âme, du radicalisme, de l'intransigeance dans la lutte avec la *nature gâtée*, comme elle avait l'habitude de dire. Pour construire une attitude de confiance, il lui fallait une conversion permanente, un dépassement d'elle-même, et ce non seulement de ses faiblesses, mais aussi de ses talents naturels, par exemple de la logique de l'intelligence, car plus d'une fois, le Seigneur Dieu la mettait dans des situations où elle devait renier sa raison, suspendre la logique du raisonnement humain pour Lui faire confiance et pour accueillir et accomplir en conséquence Sa volonté. Le Seigneur Jésus apprécia hautement la sollicitude de Sœur Faustine pour le développement de l'attitude de confiance en lui disant : *Tu as de grands et inconcevables droits sur mon cœur, car tu es une fille pleine de confiance* (P.J. 718).

La confiance – la vie de Sœur Faustine en témoigne – est un élément essentiel de la vie intérieure, la base de l'aspiration à l'union avec Dieu. Le Seigneur Jésus enseignait à Sœur Faustine que la confiance était l'unique vase pour puiser les grâces (P.J. 1578), une source de paix et de bonheur, car Lui-même allait prendre soin de l'homme qui Lui aurait fait confiance (P.J. 1273). Il assurait : *Qui a confiance en ma Miséricorde ne périra pas, car toutes ses affaires sont miennes et ses ennemis se briseront à mes pieds* (P.J. 723). Il lui demandait d'inciter d'autres âmes à la confiance et de l'obtenir pour les agonisants, de lutter pour le salut des âmes en les encourageant à avoir confiance en la Miséricorde de Dieu. *Je désire la confiance de mes créatures*, disait-il à Sœur Faustine, *exhorte les âmes à une grande confiance en mon insondable Miséricorde* (P.J. 1059).

Grâce à la confiance, à l'abandon entier à la volonté de Dieu, à cette foi d'enfant face au Père céleste dans chaque situation, même douloureuse, Sœur Faustine pouvait accomplir de grandes choses dans sa vie : elle a atteint sur terre les sommets mystiques d'union avec Dieu, et ainsi a-t-Il pu transmettre par elle au monde le message de Sa Miséricorde par laquelle de nombreuses âmes trouvent le salut (P.J. 1300).

La Miséricorde

La connaissance et la pénétration de plus en plus profonde de l'amour miséricordieux de Dieu ainsi que son expérience ont mené Sœur Faustine non seulement à l'attitude d'une confiance d'enfant envers Lui, mais elles ont fait naître en elle un désir ardent de faire refléter cet attribut de Dieu dans son propre cœur et dans ses actes. *Chacun de Tes saints*, priait-elle, *reflète en sa personnalité l'une de Tes vertus, moi, je désire refléter Ton Cœur compatissant et plein de miséricorde, je veux le glorifier. Que Ta Miséricorde, ô Jésus, soit imprimée dans mon cœur et dans mon âme, tel un sceau, ce sera là mon emblème en cette vie et en l'autre* (P.J. 1242).

La vertu de *l'amour* et celle de *la miséricorde* sont définies distinctement dans les dictionnaires et manuels de théologie. En se basant sur l'enseignement de saint Thomas, la théologie catholique définit *l'amour* comme une vertu qui vise à procurer du bien au prochain, tandis que *la miséricorde* est une vertu qui cherche à écarter le mal qui lui nuit. *Le terme même de « miséricorde »*, dit saint Thomas, *signifie que notre cœur abrite un amour compatissant à un malheur d'autrui*[15]. Ainsi la différence entre l'amour et la miséricorde repose-t-elle dans leur but respectif : l'amour aspire à amplifier le bien, la miséricorde à remédier au mal[16]. Dans la théologie traditionnelle, la miséricorde est considérée comme l'une des vertus morales. *Parmi toutes les vertus qui se réfèrent à nos prochains*, dit saint Thomas, *la miséricorde est la vertu la plus grande, puisque le fait de supprimer les manques en nos prochains est en soi-même quelque chose de supérieur et de meilleur*[17].

Le Saint-Père Jean-Paul II jette une lumière nouvelle sur la notion même de *miséricorde,* dans son encyclique : *Dives in misericordia*. Selon sa conception, *la miséricorde n'est pas une vertu, mais une attitude qui suppose l'existence de tout un*

15. Saint Thomas, *Suma teologiczna w zarysie* [Somme théologique, précis], Cracovie, 1997, t. II, p. 59.
16. K. Kasperkiewicz, *Pojêcie miłosierdzia w encyklice "Dives in misericordia"* [Notion de miséricorde dans l'encyclique *Dives in misericordia*] in : *Dives in misericordia. Tekst i komentarz* [*Dives in misericordia*. Texte et commentaires], Cracovie, 1981, p. 66.
17. Saint Thomas, *Suma teologiczna*, *op. cit.*, p. 61.

ensemble de qualités morales, parmi lesquelles se met en avant cet amour créatif qui ne se laisse pas vaincre par le mal, mais qui vainc le mal par le bien[18].

C'est précisément d'une telle conception de la *miséricorde* qu'il s'agit dans la spiritualité de Sœur Faustine. Elle signifie donc non l'une des vertus, mais une attitude globale dans la vie à l'égard de l'autre, composée de toute une série de qualités morales. Pour définir la miséricorde, Sœur Faustine dit brièvement que l'amour est la fleur et la miséricorde le fruit (P.J. 949). La miséricorde chez Sœur Faustine est une attitude qui embrasse tous les rapports au prochain, elle doit imprégner, caractériser tout contact avec autrui, tout geste, toute pensée, toute parole. c'est pourquoi Sœur Faustine désirait, avec l'aide de la grâce, se *transformer tout entière en miséricorde* (P.J. 163) et suppliait dans la prière que ses yeux, ses oreilles, sa langue, ses mains, ses pieds, mais surtout son cœur fussent miséricordieux (P.J. 163).

Dans *l'école* de Sœur Faustine, *miséricorde* désigne donc une attitude globale dans la vie à l'égard du prochain, dans laquelle la vertu surnaturelle de l'amour joue le rôle moteur principal. C'est elle, en effet, qui *amène à aimer Dieu en*

18. K. Kasperkiewicz, *Pojęcie miłosierdzia*, *op. cit.*, p. 67.

l'homme et l'homme en Dieu[19]. Pour cette raison, l'on peut, sur base de miséricorde, attribuer les traits avec lesquels saint Paul définit l'amour. En paraphrasant son hymne à l'amour de la *Première épître aux Corinthiens*, nous pouvons dire : la miséricorde est patiente, elle est douce, elle n'est pas envieuse, elle ne cherche point son intérêt, elle ne s'enfle point d'orgueil... (1Co 13,1-7).

Un fervent amour de Dieu, notait Sœur Faustine dans son *Petit Journal, voit tout autour de soi un incessant besoin de se communiquer par l'acte, la parole et la prière* (P.J. 1313). Cet acte incessant de *se communiquer* au prochain dans la vie de Sœur Faustine portait d'abord sur les besoins spirituels de l'homme, en particulier d'un homme qui s'était égaré dans la vie, qui avait perdu le sens de l'existence, quitté le chemin du salut. C'est l'amour des âmes qui amena Sœur Faustine à faire offrande de sa vie. Elle avait en effet une profonde connaissance des valeurs de l'âme humaine qui est immortelle. Par conséquent, elle venait en aide surtout à ceux qui risquaient de perdre le salut.

Il faut noter particulièrement et accentuer le lien étroit qui existe entre le mystère de la Miséricorde de Dieu et celui de la miséricorde humaine. Selon Sœur Faustine, l'attitude de miséricorde à l'égard

19. R. Garrigou-Lagrange, *Trzy okresy życia wewnętrznego* [Trois étapes de la vie intérieure], Poznań, 1962, v. II, p. 202.

du prochain trouve non seulement sa source, naît et découle du mystère de la Miséricorde divine, mais elle y trouve aussi sa cause *tant dans une dimension exemplaire que causale*[20].

Le Seigneur Jésus – Miséricorde incarnée – était pour Sœur Faustine le modèle dans sa pratique de la miséricorde. *De Jésus j'apprends à être bonne*, écrivait-elle, *pour pouvoir être appelée fille du Père céleste* (P.J. 669). L'exemple de Jésus dont Ses contemporains disaient qu'Il avait traversé la terre en faisant du bien à tous, et en particulier Sa sollicitude miséricordieuse envers un homme pécheur, à l'âme malade, jusqu'à Son offrande sur la croix, tout cela était aux yeux de Sœur Faustine un modèle inaccessible. Au cours des moments difficiles, lorsqu'elle ignorait comment agir à l'égard des autres, elle se demandait : que ferait Jésus à ma place ? Cette manière de prendre le Seigneur Jésus pour modèle est très bien illustrée par la description d'une entrevue de Sœur Faustine avec une personne laïque qui avait abusé de sa bonté. Elle écrivit : *Lorsque je l'ai aperçue, au premier instant, mon sang s'est glacé dans mes veines, car tout ce que*

20. St. Smoleński, *Cnota miłosierdzia chrześcijańskiego w życiu Sługi Bożej s. Faustyny* [Vertu de la miséricorde chrétienne dans la vie de la servante de Dieu Sœur Faustine], in : *Posłannictwo Siostry Faustyny* [Mission de Sœur Faustine], Cracovie, 1991, p. 23.

j'ai dû souffrir à cause d'elle se présenta à mes yeux (...). L'idée me vint de lui faire connaître la vérité catégoriquement et immédiatement. Mais au même moment la Miséricorde divine se présenta à mes yeux et j'ai résolu d'agir envers elle comme Jésus aurait agi à ma place. J'ai commencé à lui parler avec douceur et quand elle a exprimé le désir de me parler seule à seule, alors je lui ai clairement fait connaître (...) le triste état de son âme d'une manière très délicate. J'ai vu sa profonde émotion (P.J. 1694).

La Miséricorde de Dieu est chez Sœur Faustine le fondement de l'attitude de miséricorde à l'égard des autres non seulement dans sa dimension exemplaire, mais aussi dans la dimension causale. *Cela doit être – selon elle – une certaine participation à la Miséricorde divine*[21]. Sœur Faustine était consciente que, par ses bonnes actions, accomplies par l'amour du Christ, elle participait à communiquer la Miséricorde de Dieu au monde, car Il se sert des hommes pour faire état de Sa bonté. Ainsi désirait-elle se transformer tout entière en miséricorde pour devenir un reflet vivant de la Miséricorde divine, *pour que le plus grand des attributs divins, Son insondable Miséricorde* pût passer par son cœur et son âme aux autres (P.J. 163). Le Seigneur Jésus lui-même lui avait parlé de cette

21. *Ibidem*, p. 24.

interdépendance entre la miséricorde humaine et la Miséricorde divine. *Sache, ma fille*, lui disait-il dans une conférence sur la miséricorde, *que mon cœur est la Miséricorde même* (...). *Je désire que ton cœur soit la demeure de ma Miséricorde. Je désire que cette miséricorde se répande sur le monde entier par ton cœur. Que quiconque t'approchera ne te quitte pas sans cette confiance en ma Miséricorde que je désire tant pour les âmes* (P.J. 1777).

Mais pour que la miséricorde témoignée au prochain devienne une part dans la Miséricorde de Dieu, elle doit être accomplie dans l'esprit de Christ, c'est pourquoi le Seigneur Jésus disait à Sœur Faustine que son cœur devait être le siège de Sa Miséricorde et que cette Miséricorde-là devait se déverser sur le monde à travers son cœur. Il ne s'agit donc pas d'une bienfaisance naturelle quelconque ou d'une philanthropie motivée de diverses manières, mais de la miséricorde témoignée aux autres par l'amour de Jésus et dans Son esprit. Cela exige un regard sur le prochain avec les yeux de la foi comme sur un être créé *à Son image, selon Sa ressemblance* (Gn 1,26) et racheté *point par des choses périssables, argent ou or, mais par le sang précieux* (...) *du Christ* (1P 1,18), comme sur l'enfant de Dieu appelé à hériter des biens du Royaume des Cieux, à participer à la vie du Dieu unique en Trois Personnes. C'est à un tel concept et à ce comportement à l'égard du prochain que s'exerçait

Sœur Faustine, et plus la relation avec une personne lui devenait pénible, plus elle redoublait d'efforts pour voir en cette personne le Christ l'appelant à faire la miséricorde.

Sœur Faustine voyait aussi des liens étroits entre l'attitude de confiance envers Dieu et l'attitude de miséricorde envers les autres. Elle constatait que le degré de confiance en Dieu était proportionnel à l'efficacité et à l'ardeur de l'aide apportée aux autres. *Un mot prononcé par une âme unie à Dieu,* écrivit-elle, *procure plus de bien aux âmes que les discours éloquents et les sermons d'une âme imparfaite* (P.J. 1595). Elle savait bien que pour témoigner de la miséricorde dans l'esprit de Christ, il faut vivre en union avec Lui ; pour Le reconnaître dans les autres et Le servir en eux, il fallait d'abord apprendre à être en union avec Lui dans sa propre âme (P.J. 503). Elle constatait aussi une interdépendance réciproque quand elle disait : *J'ai appris et expérimenté que les âmes qui vivent dans l'amour se distinguent par une grande lumière dans la connaissance des choses divines* (P.J. 1191), ce qui la menait en conséquence à une attitude de confiance plus complète encore.

Ce qui a été dit au sujet de la confiance et de la miséricorde dans l'école de la spiritualité de Sœur Faustine, nous permet de saisir qu'il s'agit là des fondements mêmes de la vie chrétienne. Dans l'attitude de confiance d'enfant en Dieu et de miséricorde envers les autres jusqu'à l'offrande de sa vie, l'existence de Sœur Faustine fut, en effet, une réalisation parfaite du plus grand commandement, celui de l'amour de Dieu et du prochain, donc de l'essence même du christianisme.

L'AMOUR DE L'ÉGLISE ET LE CHARISME DE PROCLAMER LE MYSTÈRE DE LA MISÉRICORDE DIVINE

La découverte du mystère de la Miséricorde divine et sa contemplation au quotidien, la recherche de l'attitude de confiance envers Dieu et de miséricorde envers les autres sont les traits caractéristiques de la vie spirituelle de sainte Sœur Faustine, complétés par l'amour de l'Église et de l'Eucharistie et par la dévotion à Notre-Dame. Bien que ces derniers traits soient caractéristiques de toutes les écoles de la spiritualité, ils trouvent une expression spécifique dans chacune d'elles, également dans la vie spirituelle de sainte Sœur Faustine.

L'Église en tant que don de la Miséricorde divine

L'Église est perçue, de nos jours en particulier, comme une institution bien organisée qui mène une activité religieuse. Elle est un lieu de rencontre permettant d'éprouver l'amour de Dieu aux fidèles et pratiquants. Sainte Sœur Faustine la considère précisément de cette façon, comme don de la Miséricorde divine. *Miséricorde divine, en l'institution de la sainte Église* (P.J. 949) : telle est l'une des incantations de la litanie qui présente les manifestations de l'amour miséricordieux de Dieu pour l'homme. Cette incantation rend l'essence de la manière dont Sœur Faustine appréhende l'Église en tant que don de la Miséricorde divine, don d'autant plus précieux qu'il institue un espace de communauté de vie du Créateur et Sauveur et de l'homme.

Non seulement par l'esprit de la foi, mais aussi grâce à ses nombreuses visions et expériences mystiques, Sœur Faustine a pu être convaincue que c'est l'Église qui représente la communauté de vie de l'homme et de Dieu et l'espace de présence vivante de Dieu. Elle nota dans son *Petit Journal : Lorsque je me suis plongée dans la prière, je me suis trouvée transportée en esprit à la chapelle et j'ai vu le Seigneur Jésus exposé dans l'ostensoir ; à la place de l'ostensoir, j'ai vu la face glorieuse du Seigneur et le Seigneur m'a dit : « Ce que tu vois en réalité, ces âmes le voient par la foi »* (P.J. 1420). Les baptisés par la foi rencontrent dans l'Église le Dieu vivant qui y est présent de diverses façons : il leur parle dans la liturgie du verbe, les purifie et les fortifie dans les saints sacrements, il est présent en le prêtre et en chaque homme, il attend constamment dans le tabernacle. Sœur Faustine a éprouvé la présence de Dieu dans l'église notamment d'une manière mystique. Elle notait dans le *Petit Journal : Quand j'étais à la sainte messe dans une certaine église avec une sœur, j'ai éprouvé la grandeur et la majesté de Dieu, je sentais que cette église était imprégnée de Dieu. Sa majesté m'enveloppait ; même si elle m'effrayait, elle me remplissait cependant de paix et de joie ; j'ai compris que rien ne pouvait s'opposer à Sa volonté. Oh ! si toutes les âmes savaient qui demeure dans nos sanctuaires, il n'y aurait pas tant d'outrages ni de manque de respect dans les endroits sacrés* (P.J. 409).

La Miséricorde de Dieu se manifeste pour Sœur Faustine non seulement par le fait d'avoir institué la sainte Église et par Sa présence vivante en l'Église, mais aussi par Son agir à l'égard de l'homme, en particulier par le verbe qui l'éclaire et les sacrements dans lesquels il le gratifie des multiples grâces nécessaires à la vie surnaturelle. Les invocations litaniques et d'autres textes du *Petit Journal* de Sœur Faustine le disent directement, évoquant les différentes manifestations de la grande Miséricorde de Dieu telles que le saint Baptême, la justification par Jésus-Christ, le don de la vie éternelle, la possibilité de se convertir, les sacrements par lesquels Jésus accorde une bénédiction en abondance pour chaque instant de l'existence, etc. (P.J. 949, 1286 et autres).

C'est Jésus qui lui a appris la découverte des dons de Dieu en l'Église. Pendant la retraite de trois jours, quand il lui donnait les thèmes de méditation, il lui a demandé de considérer, le premier jour, le mystère de l'amour en la sainte Église. Il dit : *Ma fille, médite la vie divine, telle qu'elle est contenue dans l'Église, pour le salut et la sanctification de ton âme. Médite comment tu profites de ces trésors de grâces, de ces efforts de mon amour* (P.J. 1758). Le Seigneur Jésus exigeait qu'elle voie Son œuvre miséricordieuse dans l'Église dont l'objectif est de donner la vie. Ayant profondément médité le thème donné par Jésus, Sœur Faustine dut avouer qu'elle n'avait pas toujours su tirer profit des dons inappréciables de Dieu, car – comme elle l'écrit – *je ne faisais pas attention au don lui-même, mais je faisais trop attention à l'instrument par lequel Tu me donnais Tes dons*. Elle a pris une résolution : *Mon Maître le plus doux, cela va changer maintenant : je vais tirer profit de Ta grâce autant que mon âme en sera capable. La foi vive va me soutenir ; sous quelque aspect que Tu m'envoies la grâce, je l'accepterai directement de Toi, sans tenir compte de l'instrument par lequel Tu me l'enverras. S'il ne m'est pas toujours possible de l'accepter avec joie, je l'accepterai toujours avec soumission à Ta sainte Volonté* (P.J. 1759).

Sœur Faustine considère aussi que la communication de la sainteté de Dieu aux créatures est une manifestation de la miséricorde en l'Église. Dieu seul est saint et Sa sainteté est si grande que tous les esprits célestes tremblent devant elle et plongent dans une adoration incessante, Lui rendent hommage en s'écriant : saint, saint, saint... (P.J. 180). Sœur Faustine écrit : *La sainteté de Dieu se répand sur l'Église de Dieu et sur chaque âme vivant en elle – à des degrés divers. Il y a des âmes toutes pénétrées de Dieu, et il y en a qui vivent à peine* (P.J. 180). Bien que Dieu répande Sa sainteté sur toutes les âmes, la sanctification de l'homme dépend aussi de sa liberté et de la manière dont il reçoit l'abondance des dons que Dieu a déposés pour lui en l'Église. Mais déjà la possibilité de changer sa vie, de la parfaire à l'aide de moyens surnaturels, l'invitation à la communion de vie avec Dieu, la chance de participer de plus en plus pleinement à la vie de Jésus et à Sa mission étaient perçues par Sœur Faustine comme d'immenses dons de la Miséricorde divine que l'homme n'avait aucunement mérités et dont il n'a été gratifié que par l'amour miséricordieux de son Sauveur et Créateur. en apercevant l'amour aussi grand de Dieu en l'Église, elle peut exprimer de tout cœur sa joie sincère en ces termes : *Quelle joie d'être une fidèle enfant de l'Église* (P.J. 481).

L'Église Mère

On trouvera dans la sainte Écriture de nombreuses images et figures liées les unes aux autres qui décrivent la réalité extrêmement riche de l'Église. Chacune d'elles : bercail, terrain de culture, construction de Dieu, fiancée, Jérusalem d'en haut (cf. CEC 754 – 757) porte une signification et montre l'Église telle qu'elle est selon le dessein de Dieu Un et Trinitaire, fondée par Jésus-Christ, Fils de Dieu.

Les écrits de sainte Sœur Faustine évoquent le plus souvent l'Église en tant que Mère. elle avoue : *Ô ma Mère, Église de Dieu, Tu es une véritable Mère* (P.J. 1469). L'Église est Mère car elle donne la vie surnaturelle dans les saints sacrements, elle la développe, purifie, éclaire, comprend, console et fortifie (P.J. 1286, 1469, 1474), elle mène les âmes vers une étroite union avec Dieu sur terre et vers la gloire du ciel (P.J. 749, 777).

Ô Église de Dieu, tu es la meilleure des mères, écrit-elle dans le *Petit Journal, toi seule sais élever et faire grandir l'âme* (P.J. 197). Sœur Faustine savait que Dieu a déposé en l'Église une révélation qui découvre Son amour pour l'homme et Son plan de salut, c'est pourquoi les enfants de l'Église ont non seulement la possibilité de connaître Dieu grâce au monde créé, mais aussi grâce à la foi. Elle avoue : *Presque chaque fête de la sainte Église me donne une plus profonde connaissance de Dieu et une grâce particulière, c'est pourquoi je me prépare à chaque fête en étroite union à l'esprit de l'Église* (P.J. 481). La connaissance de plus en plus profonde de Dieu, d'abord à travers la foi qu'elle a ardemment sollicitée dans la prière jusqu'à la fin de ses jours, lui apportait une grande joie. Ainsi profitait-elle de chaque occasion pour puiser dans cette richesse de l'Église : elle considérait la sainte Écriture, elle écoutait attentivement la Parole de Dieu, elle participait activement à la liturgie, elle pratiquait les journées de recueillement mensuelles et les retraites, elle a pris connaissance de textes religieux et des conférences (catéchisme) données au couvent par les prêtres invités à ces fins, les maîtresses de noviciat et les supérieures. *Oh ! comme il est doux d'avoir au fond de l'âme ce que l'Église nous ordonne de croire* (P.J. 1123), avoue-t-elle avec une joie authentique.

Quand elle traversait les épreuves douloureuses des nuits passives de l'esprit et que d'affreuses tentations suppliciaient son âme, elle récitait les actes de foi : *Je crois, je crois et encore une fois je crois en Toi, Dieu unique, en la Sainte Trinité, Père, Fils et Saint-Esprit, ainsi qu'en toutes les vérités que Ta sainte Église me donne à croire* (P.J. 1558). Cette foi en toutes les vérités professées par l'Église témoigne, dans les grandes obscurités spirituelles sans la moindre consolation, de sa grande confiance qu'elle fait à la meilleure Mère qui éduque ses enfants de diverses manières et les mène vers Dieu. Elle écrit : *Je remercie Dieu à chaque instant pour cette grande grâce, d'avoir daigné, dans Sa bonté, mettre sur le chemin de ma vie spirituelle ces colonnes lumineuses* [prêtres] *qui éclairent mon chemin pour que je n'erre pas sur de fausses routes, ni ne me retarde dans la poursuite d'une étroite union avec le Seigneur. J'ai un grand amour pour l'Église qui éduque les âmes et les mène vers Dieu* (P.J. 749).

Comme un bon enfant, aimant sa mère, écrit Sœur Faustine, *ainsi chaque âme chrétienne doit-elle prier pour l'Église qui est pour elle une mère* (P.J. 551). Sœur Faustine renouvelle sans cesse diverses intentions de prière pour l'Église : soutenir par sa prière et son offrande les prêtres qui proclament la Parole de Dieu et offrent le service de confession, obtenir la grâce de la conversion aux pécheurs, une mort douce et paisible aux agonisants, le ciel aux âmes du purgatoire. Elle n'oublie pas le Saint-Père, les missionnaires et l'Église soumise au supplice dans différentes régions géographiques, notamment en Espagne et en Russie… (P.J. 240, 1052, 1366, 1582 et autres), les frères isolés et les gens malades, même ceux qui ont déjà perdu espoir en la Miséricorde divine. Elle fait une offrande de sa vie pour leur obtenir le retour à l'Église et la grâce de l'union avec Dieu (P.J. 309). elle note dans le *Petit Journal : Lorsque maintenant je ne peux dormir la nuit, je visite toutes les églises et toutes les chapelles, et au moins quelques instants, j'y fais une adoration du Très Saint Sacre-*

ment. Lorsque je reviens à notre chapelle, je prie alors pour certains prêtres qui annoncent et proclament la Miséricorde de Dieu. Je prie également à l'intention du Saint-Père, et aussi afin d'implorer la Miséricorde de Dieu pour les pécheurs – ce sont là mes nuits (P.J. 1501).

Un enfant qui aime sa Mère est toujours obéissant. L'obéissance à l'Église est aussi, selon Sœur Faustine, une expression d'amour. Son obéissance consistait non seulement à accepter tout ce que l'Église donne à croire, mais aussi à obéir à ceux qui annoncent la volonté de Dieu, soit les prêtres et les supérieures. Elle exigeait parfois de Sœur Faustine un grand héroïsme, en particulier lorsqu'elle recevait de Jésus des ordres dont la réalisation dépendait des prêtres ou des supérieures. Tout en poursuivant l'obéissance exemplaire de Jésus, elle tâchait d'obéir à l'Église partout et toujours, bien que – comme elle l'avouait – elle devienne martyre des inspirations de Dieu. Elle priait : *Ô Vérité éternelle, Verbe incarné, qui as si fidèlement accompli la volonté de Ton Père, voilà qu'aujourd'hui je deviens martyre de Tes inspirations, car je ne peux les réaliser, n'ayant pas de volonté propre ; bien qu'intérieurement je reconnaisse clairement Ta sainte volonté, je me rends cependant en tout à la volonté de mes supérieures et de mon confesseur, et je n'accomplirai Ta volonté qu'autant que Tu me le permettras par celui qui tient Ta place. Ô mon*

Jésus, tant pis, je mets la voix de l'Église avant la voix par laquelle Tu me parles (P.J. 497). Elle savait que l'obéissance à l'Église, toute douloureuse qu'elle soit parfois, lui éviterait de s'égarer et qu'elle remplirait ainsi parfaitement la volonté de Dieu. Jésus l'en a d'ailleurs assurée à maintes reprises en disant : *Répète chacune de mes exigences à ceux qui me remplacent sur la terre et fais seulement ce qu'ils t'ordonneront* (P.J. 489). L'obéissance à l'Église a mené Sœur Faustine aux sommets de la mystique, s'avérant extrêmement fructueuse grâce à sa mission prophétique dans l'Église.

Malgré ces expériences douloureuses et les désagréments que les prêtres lui ont valus, l'Église lui a toujours été la meilleure Mère que Dieu a donnée à l'homme pour le développement de sa vie surnaturelle.

L'Église, Corps mystique du Christ

Une autre image de l'Église, souvent évoquée et présente dans les écrits de sainte Sœur Faustine, est l'image du Corps mystique du Christ qui apparaît chez saint Paul et qui désigne l'Église en tant que peuple de Dieu. L'évêque Edward Ozorowski l'explique en ces termes : *La notion de corps ne doit pas être entendue dans le sens physique et chimique, comme une composition de muscles et d'os, comme un ensemble de cellules. Le corps (soma) a une signification théologique dans le Nouveau Testament.*

Cette notion désigne d'abord l'unité. Le « Corps du Christ » définit par rapport à l'Église la nature des liens entre les hommes et le Christ (dimension verticale), et des hommes entre eux-mêmes en communion avec le Christ (dimension horizontale). C'est ainsi que sainte Sœur Faustine entendait le Corps mystique du Christ, bien avant le concile Vatican II qui soulignait et consolidait cette image de l'Église. Grâce à sa foi profonde et son expérience mystique, elle voyait en effet le lien extrêmement étroit du Christ avec tout homme baptisé ainsi que l'interdépendance et la responsabilité commune de tous les membres de l'Église.

Oh ! comme j'aime la sainte Église et tous ceux qui y vivent, avoue Sœur Faustine, *je les considère comme les membres vivants du Christ, qui est leur tête. Je brûle d'amour avec ceux qui aiment, je souffre avec ceux qui souffrent, la douleur me consume à la vie des âmes froides et ingrates ; alors je tâche que mon amour de Dieu soit tel qu'il fasse réparation pour ceux qui ne L'aiment pas, qui n'ont pour leur Sauveur qu'une noire ingratitude* (P.J. 481). Le mystère de l'étroite communion du Christ avec les baptisés l'enchantait, elle s'étonnait sans cesse de voir Dieu s'abaisser tellement vers Ses créatures et rester avec elles si intime au sein de l'Église en s'offrant même comme nourriture. Le Christ en tant que Tête de l'Église joue par rapport à Son Corps mystique un rôle analogue à celui que joue la tête pour l'organisme humain : Il reste donc en communication avec chaque membre, directement et individuellement, Il accorde à chacun les grâces convenables et indique les missions. Il dirige Son Corps mystique pour le bien de ses membres, Il les aime comme un époux aime son épouse, Il veille à ses besoins. *Nous ne constituons qu'un seul organisme en Jésus* (P.J. 1364), conclut Sœur Faustine.

Sœur Faustine apercevait dans le Corps mystique du Christ non seulement la dimension verticale (l'union de chaque membre avec le Christ), mais aussi la dimension horizontale (la communication entre les membres en Jésus) dont découlent les principes de l'interaction, de solidarité et de coresponsabilité de tous les membres. Elle le comprenait parfaitement en écrivant : *La sainteté ou la chute de chaque âme prise séparément se reflète dans toute l'Église. En m'observant et en observant ceux qui me sont proches, j'ai vu quelle grande influence j'exerce sur les autres âmes – non par quelque action héroïque, car celles-ci sont frappantes en elles-mêmes, mais par de si petites actions, comme bouger la main, regarder, et beaucoup d'autres choses que je ne saurais énumérer et qui pourtant agissent et retentissent sur les autres âmes, ce que j'ai observé par moi-même* (P.J. 1475). Elle ressentait dans sa vie les joies et les souffrances des autres chrétiens. Elle était heureuse quand les membres morts de l'Église revenaient à la vie grâce à la confession, quand l'amour et le bien grandissaient dans la communauté des fidèles, elle se préoccupait de voir les froids et les ingrats endurcis dans le péché, car le Corps mystique du Christ souffrait alors.

Elle recherchait la sainteté personnelle parce qu'elle se sentait responsable de l'organisme vivant de l'Église. Elle avouait : *Je cherche à atteindre la sainteté car de cette façon, je serai utile à l'Église. Je fais d'incessants efforts dans la vertu, je m'efforce d'imiter fidèlement Jésus, et je dépose dans le trésor de l'Église de Dieu pour le profit des âmes cette longue suite de vertus quotidiennes, humbles, cachées, presque imperceptibles, mais accomplies avec grand amour. Je sens intérieurement comme si j'avais la responsabilité de toutes les âmes, je sens bien que je vis non seulement pour moi, mais pour toute l'Église* (P.J. 1505). Son aspiration à la sainteté est non seulement une communion de plus en plus entière avec Dieu, mais également le souci de la sanctification de ses frères. Le Seigneur Jésus le lui enseignait en disant : *Sache, ma fille, qu'en tendant à la perfection, tu sanctifieras bien des âmes, et que si tu ne tendais pas à la sainteté, par là même bien des âmes demeureront imparfaites. Sache bien que leur perfection dépendra de ta perfection* (P.J. 1165). Sœur Faustine n'oubliait jamais les paroles du Christ et elle les réalisait fidèlement. Pour cette raison, lorsqu'elle se sentait lasse de la monotonie de ses obligations quotidiennes, elle prenait conscience qu'il n'y avait rien de petit dans la maison du Seigneur et que l'action la plus infime, accomplie en communion avec Jésus, contribuait à la gloire de l'Église et au progrès de plus d'une âme (P.J. 508). Ainsi tâchait-elle d'imiter fidèlement le Christ pour s'unir plus pleinement à Lui, afin que le sol de son âme donne de bons fruits et elle déposait dans le trésor de l'Église de nombreuses vertus quotidiennes, humbles, cachées, pour le profit de toutes les âmes (P.J. 740, 1505 et autres). Elle savait que sa sainteté résonnerait dans toute l'Église, car nous sommes tous un seul organisme en Jésus (P.J. 1364).

Le charisme de proclamer la Miséricorde divine

Non seulement sainte Sœur Faustine avait une vision claire de l'Église qu'elle percevait comme « la meilleure Mère » et le Corps mystique du Christ, mais encore elle était parfaitement consciente de sa place en l'Église et du rôle que Dieu lui avait destiné au sein de la communauté des fidèles et dans le monde.

En tant que sœur de la congrégation de Notre Dame de la Miséricorde, elle participait d'abord à son charisme, remplissant l'œuvre de sauver les jeunes filles et les femmes nécessitant un profond renouveau moral. Sans être éducatrice, elle contribuait immensément à la transformation de l'existence des pupilles de la congrégation par le témoignage personnel de sa vie, de la prière et des offrandes faites à leur intention. Elle avouait dans une lettre à Sœur Ludwina : *Ma Sœur, quelle joie je ressens en mon âme de ce que le Seigneur Jésus m'a appelée à notre Congrégation qui est si étroitement liée à l'œuvre et à la mission qu'avait Jésus, celle de sauver les âmes*. (...) *Nous ne saurions oublier que notre mission est importante* (...). *Il nous faut avoir entièrement l'esprit et le caractère de Jésus, c'est-à-dire l'abnégation totale de soi par amour de Dieu au profit des âmes immortelles, et particulièrement (il nous faut prendre soin) des âmes que Jésus nous a confiées*. Elle voyait dans cette mission apostolique la grande confiance faite par Dieu à la congrégation à laquelle il recommandait les âmes égarées, ayant bien voulu faire des sœurs un instrument pour l'œuvre la plus difficile de transformation de l'existence des filles et femmes déchues, comme on les appelait à l'époque.

C'est au sein d'une congrégation ayant ce charisme que le Seigneur Jésus préparait peu à peu Sœur Faustine à sa grande mission : transmettre le message prophétique au sujet de l'amour miséricordieux de Dieu pour l'homme et donner à l'Église le charisme nouveau de proclamer cette vérité au monde. Il lui dit : *Dans l'Ancien Testament, j'ai envoyé à mon peuple des prophètes et avec eux la foudre. Aujourd'hui, je t'envoie vers toute l'humanité avec ma Miséricorde* (P.J. 1588). Pour résumer, sa mission était d'annoncer au monde le mystère de la Miséricorde divine (une vérité révélée dans la sainte Écriture) par le témoignage de la vie, de l'acte, de la parole et de la prière.

Ainsi la plus belle vérité de la foi qui parle de l'amour miséricordieux de Dieu pour l'homme repose-t-elle au cœur de sa vie spirituelle et de sa mission prophétique. Sœur Faustine découvre d'abord cette vérité toute seule en considérant ce que Dieu a fait pour l'homme, en commençant par l'œuvre de la Création et en passant par l'incarnation du Fils de Dieu, Son enseignement et Ses miracles jusqu'à Sa Passion et Sa mort, Sa Résurrection et l'institution de l'Église. c'est par le truchement de l'Église qu'il invite les hommes à la communion de vie avec Lui sur la terre et pour toute l'éternité. Dieu a renforcé cette découverte de la Miséricorde divine en accordant à sainte Sœur Faustine le don de la contemplation infuse de sorte qu'elle puisse la pénétrer plus profondément et la faire connaître au monde. Le Seigneur Jésus l'exhorte de nombreuses fois en lui promettant de protéger tous ceux qui se seront chargés de cette mission de leur vivant et après leur mort (P.J. 378-379, 1521,1540). Sœur Faustine savait que c'était la mission fondamentale tant qu'elle vivait et après qu'elle serait morte. Elle la réalisait avec un grand zèle, ce qu'elle exprima aussi dans cette prière : *Ô Amour éternel, je désire que toutes les âmes que Tu as créées Te connaisses. Je désirerais devenir prêtre, je parlerais sans cesse de Ta Miséricorde aux âmes pécheresses plongés dans le désespoir. Je désirerais être missionnaire et porter la lumière de la foi dans les pays sauvages pour Te faire connaître et immolée pour elles, mourir martyre comme Tu es mort pour moi et pour elles. Ô Jésus, je sais parfaitement bien que je peux être prêtre, missionnaire, prédicateur, que je peux mourir martyre, en m'anéantissant totalement et en renonçant complètement à moi-même, pour l'amour de Toi, Jésus, et pour celui des âmes immortelles* (P.J. 302). Elle voulait écarter le voile du ciel pour que la terre ne doute point de la bonté de Dieu (P.J. 483). Elle était convaincue que nombreuses étaient les âmes qui ne progressaient pas sur la voie de la perfection chrétienne faute de connaître la bonté de Dieu et que beaucoup d'âmes étaient perdues parce qu'elles n'avaient pas le courage de revenir à Dieu et d'implorer Son pardon. c'est pourquoi elle considérait que sa mission fondamentale en l'Église était de faire connaître aux hommes cette vérité de la foi, c'est-à-dire de leur parler de la Miséricorde de Dieu qui n'est pas indulgente ni ne nie pas la justice, et elle remplit cette mission en formant sa vie dans cet esprit, par les actes et la parole (la rédaction de son petit journal et ses contacts quotidiens avec les gens, dans lesquels elle tâchait de voir la main aimante de Dieu), ainsi que par la prière.

Ô mon Dieu, écrit-elle dans un autre endroit du *Petit Journal – je suis consciente de ma mission dans la sainte Église. Mon incessant effort doit être d'obtenir la miséricorde pour le monde. Je m'unis étroitement à Jésus et je me tiens comme une offrande suppliante pour le monde. Dieu ne me refusera rien si je Le supplie par la voix de Son Fils. Mon offrande n'est rien d'elle-même, mais lorsque je l'unis au sacrifice de Jésus-Christ, elle devient toute-puissante et elle peut fléchir la colère divine* (P.J. 482). Sa prière et son offrande embrassaient les prêtres et les âmes religieuses afin qu'elles rendent efficacement présent l'amour miséricordieux de Dieu dans le monde, ainsi que les pécheurs pour qu'ils puissent s'y ouvrir. Le Seigneur Jésus lui a transmis à cette fin les formes nouvelles du culte, à savoir le tableau avec l'inscription : *Jésus, j'ai confiance en Toi*, la fête de la Miséricorde, le chapelet à la Miséricorde divine et la prière à l'heure de l'agonie du Christ sur la croix, appelée l'heure de la Miséricorde. Il attachait à chacune de ces formes de grandes promesses à condition de rechercher l'attitude de confiance en Dieu et d'amour actif du prochain.

Le charisme de sainte Sœur Faustine et ses expériences mystiques ont fait naître au sein de l'Église le Mouvement apostolique de la Miséricorde divine (nouvelle « congrégation ») qui est une nouvelle « convocation du peuple de Dieu » pour rendre présent dans le monde l'amour miséricordieux de Dieu par l'acte, la parole et la prière. Elle se compose, comme l'écrivit Sœur Faustine, de « trois nuances » : les congrégations cloîtrées et actives et les fidèles vivant dans le monde qui accompliront ces missions au sein d'associations, de confréries et d'apostolats ou à titre individuel (P.J. 1155-1158). Indépendamment de la nature de leur vocation, tous rendront présente dans le monde la Miséricorde divine : les ordres contemplatifs par la prière et le sacrifice, les congrégations actives en associant la prière aux œuvres de miséricorde et tous les fidèles (qui ne font pas de vœux) par « la prière et l'empressement à la miséricorde » (P.J. 1158). Le Seigneur Jésus assure Sœur Faustine que cette œuvre naîtra dans l'Église et qu'elle sera un reflet du plus grand attribut de Dieu, soit la divine Miséricorde (P.J. 664). La tâche de proclamer au monde le message de la Miséricorde doit aider des hommes égarés à retrouver le chemin qui le mène vers Dieu, et les « justes », à progresser sur la voie de la perfection chrétienne, c'est-à-dire à participer plus pleinement à la vie de Jésus et à Sa mission de sauver le monde. Annoncer au monde le message de l'amour miséricordieux de Dieu pour l'homme apportera, comme l'écrit Sœur Faustine, *une nouvelle splendeur à l'Église bien qu'elle y existe depuis long-*

temps déjà. Personne ne peut nier que Dieu est infiniment miséricordieux ; Il désire que tout le monde le sache ; avant qu'Il ne revienne comme Juge, Il veut que les âmes Le connaissent d'abord comme Roi de Miséricorde (P.J. 378).

Sœur Faustine accomplit sa mission de proclamer la Miséricorde divine sur terre et – comme elle l'avait annoncé – également après sa mort. *Je sens bien*, écrit-elle, *que ma mission ne finira pas à ma mort, mais qu'elle commencera alors. Ô âmes qui doutez, j'écarterai pour vous le voile du ciel, afin de vous convaincre de la bonté de Dieu, pour que vous ne blessiez plus par votre incrédulité le très doux Cœur de Jésus. Dieu est Amour et Miséricorde* (P.J. 281). Elle savait qu'après sa mort, elle aurait une possibilité infinie d'agir, ainsi sa mission serait-elle réalisée avec plus de force encore pour le bien de toute l'Église et du monde entier.

L'amour de l'Église dans la vie de sainte Sœur Faustine se dote d'un coloris bien net qui y est octroyé par le mystère de la Miséricorde divine. c'est à sa lumière que l'Église apparaît comme le don d'une extrême richesse de la part de l'amour miséricordieux de Dieu pour l'homme. Sœur Faustine la voit comme une Mère, naturellement miséricordieuse pour ses enfants, et comme le Corps mystique du Christ au sein duquel devient possible une union très étroite avec Dieu déjà sur terre et avec les hommes. Le fait de considérer le mystère de la Miséricorde divine en l'Église la plongeait dans un enchantement qu'elle exprimait dans la prière et des vers, mais surtout il l'incitait à la gratitude et la responsabilité pour les dons qu'elle recevait de cette manière, ce qui la faisait tendre à la sainteté et l'obéissance dans la foi à la sainte Église.

L'AMOUR DE L'EUCHARISTIE

Chaque saint, chaque école de la spiritualité se réfèrent d'une manière ou d'une autre à cette source la plus abondante et la plus vivifiante de sanctification qu'est l'Eucharistie. Cependant, le mode de vivre ce mystère, d'accentuer sa richesse, est varié, il dépend de la spiritualité d'une époque ou de l'expérience individuelle d'un chrétien. C'est pourquoi l'amour de l'Eucharistie dans la vie de sainte Sœur Faustine a sa couleur particulière, empreinte sans doute du mystère de la Miséricorde divine.

Ce mystère de la foi demeure au cœur de son existence dès son enfance. Après des années, elle raconte dans son *Petit Journal : Depuis ma plus tendre enfance, le Seigneur Jésus présent dans le Très Saint Sacrement m'a attirée vers Lui. J'avais sept ans lorsque j'assistai aux vêpres et le Seigneur Jésus était exposé dans l'ostensoir, pour la première fois alors l'amour de Dieu se communiqua à moi, et emplit mon petit cœur, et le Seigneur me donna la compréhension des choses divines ; depuis ce jour jusqu'aujourd'hui mon amour pour Dieu caché s'est accru jusqu'à la plus étroite intimité* (P.J. 1404).

Cet amour s'exprime notamment par le désir d'assister à chaque messe du dimanche. Quand elle ne peut pas aller à l'église, elle prend le livre de prières et s'unit intérieurement au prêtre qui célèbre l'Eucharistie à l'église. Elle passe le temps de la sainte messe recueillie et priant, sans même réagir à l'appel de sa mère. Elle accourt ensuite et, en baisant la main de sa mère, elle dit : *Ma petite maman, il ne faut pas m'en vouloir, car le Seigneur Jésus m'en voudrait davantage si je ne l'avais pas fait*. Sœur Faustine fit des efforts pour que toute sa famille puisse assister à la sainte messe. Souvent, elle s'échappait par la fenêtre pour faire paître les vaches dès l'aube et les ramener à l'étable, de sorte que cette tâche n'empêche aucun membre de sa famille d'assister à l'unique sainte messe célébrée à l'époque à l'église paroissiale.

Jeune fille de dix-sept ans, elle entreprit de travailler chez trois tertiaires franciscaines s'étant réservé la possibilité d'aller quotidiennement à la messe. Quant elle travaillait chez Aldona Lipszyc à Ostrówek, elle fit un vœu privé de chasteté devant le Très Saint Sacrement. Elle nota dans le *Petit Journal : C'était pendant l'octave de la Fête-Dieu. Dieu remplit mon âme de la lumière intérieure d'une plus profonde connaissance de Lui-même, comme le plus grand bien et la plus grande beauté*.

Je connus combien Dieu m'aime. Éternel est Son amour pour moi. Pendant les vêpres, par des mots tout simples sortis du cœur, je fis à Dieu vœu de chasteté perpétuelle. Depuis ce moment, je sentis une grande intimité avec Dieu, mon Époux (P.J. 16).

Pendant sa vie religieuse, elle pénétra encore plus profondément le mystère de l'Eucharistie à laquelle elle participa de plus en plus pleinement. Elle s'étonnait de la bonté de Jésus qui, au moment de quitter cette terre, a voulu rester avec nous et qui est demeuré dans le Sacrement de l'autel, en laissant grande ouverte Sa Miséricorde. Elle s'écria dans l'enchantement : *Il n'existe pas de misère qui puisse T'épuiser, Tu as appelé tout le monde à cette source d'amour, à cette source de divine compassion. C'est là le temple de Ta Miséricorde, là le remède à nos faiblesses ; c'est vers Toi, source de vive miséricorde, que tendent toutes les âmes : certaines assoiffées de Ton amour comme des cerfs, d'autres pour laver la blessure de leurs péchés ; d'autres encore pour puiser des forces affaiblies par la vie* (P.J. 1747).

Sœur Faustine écrit que l'immensité de ce don n'est concevable ni pour l'intelligence de l'homme ni pour celle des anges, c'est pourquoi nous ne la connaîtrons entièrement que dans l'éternité. Elle dit avec justesse : *Nous connaîtrons un jour ce que Dieu accomplit pour nous à chaque messe et quel don Il y prépare pour nous. Seul Son amour divin a pu vouloir nous gratifier d'un tel don. Ô Jésus, mon Jésus, mon âme est pénétrée d'une si grande douleur en voyant la source de vie jaillissant avec tant de douceur et de puissance pour chaque âme. Et cependant je vois aussi des âmes flétries et qui dépérissent par leur propre faute* (P.J. 914). Dans un autre endroit du *Petit Journal*, elle avoue : *Les anges, s'ils pouvaient nous envier quelque chose, nous envieraient deux choses : la première, c'est la sainte Communion* (P.J. 1804).

Consciente de l'immensité de ce don, elle ressentait une profonde reconnaissance, un immense respect devant la majesté de Dieu abaissé ainsi, et elle nourrissait un grand amour pour celui qui aima jusqu'à la fin, en sacrifiant Sa vie pour l'homme pécheur et devenant pour celui-ci le Pain qui apporte la vie éternelle. Elle connaissait la force sanctifiante de l'Eucharistie et savait en tirer profit, c'est pourquoi sa vie était entièrement transformée dans le penser et l'agir, le vieil homme (pour emprunter l'expression de saint Paul) mourait et l'homme nouveau grandissait à l'image du Christ qui rassemblait harmonieusement toutes les facultés, orientées vers le bien suprême qu'est Dieu.

Les manifestations de la Miséricorde de Dieu dans l'Eucharistie sont particulièrement sensibles dans ces dimensions que traversait Sœur Faustine. L'Eucharistie était pour elle un lieu de rencontre personnelle avec Dieu vivant, de sacrifice commun avec le Christ pour le salut du monde et d'étroite union en la sainte Communion.

Les trois dimensions de vivre l'Eucharistie

Le Saint-Père Jean-Paul II parle dans l'encyclique *Ecclesia de Eucharistia* du mystère eucharistique qui est notamment un sacrifice, une présence et un banquet (EE 61), en mettant l'accent sur l'intégralité de ces dimensions de la sainte messe. C'est en ces dimensions que la vécut aussi sainte Sœur Faustine, chacune des dimensions dans le contexte du mystère de la Miséricorde divine.

a) Présence – rencontre

Le chrétien rencontre dans l'Eucharistie Jésus présent réellement et substantiellement. Lors de la Transsubstantiation, le pain et le vin deviennent Son Corps et Son Sang. L'Eucharistie rend d'abord présent le mystère pascal du Christ qu'il a annoncé dans Son enseignement et prévenu de par Ses actes. C'est ainsi que Sœur Faustine parle de l'institution de l'Eucharistie : *Jésus me permit d'entrer dans le Cénacle et j'assistai à ce qui se passait. Je fus très émue quand, avant la consécration, Jésus leva les yeux au ciel et entra en une mystérieuse conversation avec Son Père. Ce n'est que dans l'éternité que nous comprendrons ce moment-là comme il se doit. Ses yeux étaient comme deux flammes, son visage rayonnant, blanc comme la neige, toute Sa personne empreinte de majesté. Son âme pleine de nostalgie ; au moment de la consécration l'amour assouvi se reposa – le sacrifice pleinement accompli. Maintenant seule la cérémonie extérieure de la mort va s'accomplir, la destruction extérieure – l'essence est au Cénacle* (P.J. 684).

Chaque Eucharistie rend présent cet événement exceptionnel de l'histoire de l'humanité, par lequel le Fils de Dieu a procédé au salut du monde, mourant sur la Croix et, ayant aimé les hommes jusqu'à la fin, il est demeuré dans le sacrement de l'Autel. C'est un événement exceptionnel également parce que, comme le catéchisme de l'Église catholique nous l'apprend, *tous les autres événements de l'histoire arrivent une fois, puis ils passent, engloutis dans le passé. Le mystère pascal du Christ, par contre, ne peut pas rester seulement dans le passé, puisque* (...) [il] *surplombe ainsi tous les temps et y est rendu présent. L'Événement de la Croix et de la Résurrection demeure et attire tout vers la Vie* (CEC 1085). L'Eucharistie permet à tout homme, sous toute latitude pendant les siècles de participer à cet unique mystère pascal du Christ, de franchir le temps et l'espace et de parvenir au Christ dans l'événement de la Croix et de la Résurrection.

Pour Sœur Faustine, chaque Eucharistie était une rencontre personnelle avec Jésus, la participation à Sa Passion, Sa mort et Sa Résurrection. Elle a maintes fois éprouvé la présence réelle de Jésus à laquelle auparavant, elle n'avait que cru avec force. Elle nota dans le *Petit Journal : Aujourd'hui pendant la sainte messe, j'ai vu Jésus crucifié. Jésus était cloué à la croix et dans de grands supplices. Mon âme fut pénétrée des souffrances de Jésus, dans mon âme et dans mon corps, quoique de façon invisible, mais douloureuse. Oh ! quels terribles mystères ont lieu pendant la sainte messe* (...). *Avec quelle piété devrions-nous écouter et prendre part à cette mort de Jésus* (P.J. 913 – 914).

Elle a vu aussi l'Enfant Jésus bien souvent pendant la sainte messe. Elle nota dans son *Petit Journal : Aujourd'hui pendant la sainte messe, j'ai vu près de mon prie-Dieu l'Enfant Jésus qui semblait avoir un an et Il m'a demandé de Le prendre dans mes bras. Lorsque je L'eus pris dans les bras, Il se blottit contre mon cœur et dit : « Je me sens bien près de ton cœur. » Bien que Tu sois si petit, je sais pourtant que Tu es Dieu. « Pourquoi prends-Tu l'apparence d'un tout-petit pour être en relation avec moi ? » « Parce que je veux t'apprendre l'enfance de l'esprit. Je veux que tu sois très petite, car lorsque tu es toute petite, je te porte près de mon cœur, tout comme tu me tiens en ce moment près de ton cœur »* (P.J. 1481).

L'Eucharistie est un espace où le ciel rejoint la terre. C'est unc liturgie à laquelle prend part non seulement l'Église en pèlerinage sur la terre, mais aussi l'Église des hommes sauvés qui clame, comme le répète d'après l'Apocalypse de saint Jean le Saint-Père Jean-Paul II : *Le salut nous est donné par notre Dieu, Lui qui siège sur le trône, et par l'Agneau*. C'est pourquoi pendant la messe, Sœur Faustine voit aussi Notre-Dame, les saints (par exemple saint Ignace de Loyola) et les esprits célestes qui adorent Dieu incessamment. Elle note dans son *Petit Journal : Pendant la sainte messe, avant l'élévation, cet esprit commença à chanter ces paroles : Saint, Saint, Saint – sa voix résonnait comme les voix de milliers de personnes, cela m'est impossible à décrire. Tout d'un coup, mon esprit fut uni à Dieu, en un instant j'ai vu la grandeur et la sainteté inconcevables de Dieu et en même temps j'ai eu connaissance du néant que je suis par moi-même. Je connus plus distinctement qu'auparavant les Trois Personnes Divines : le Père, le Fils et le Saint-Esprit* (P.J. 472).

Sœur Faustine nous aide, avec ses expériences mystiques, à voir dans l'Eucharistie la présence vivante de Jésus, à nous mettre à table avec Lui au Cénacle et à le suivre sur le Golgotha pour nous laisser sauver au pied de Sa croix, nous libérer du mal, nous renforcer dans le bien et de parvenir à la résurrection. Cette possibilité de rencontrer Dieu vivant dans l'Eucharistie est pour elle un don indicible de Son amour miséricordieux. L'homme ne pourrait aucunement mériter ce don, il ne peut que s'y ouvrir et le recevoir en assistant à la sainte messe pour rencontrer son Créateur et Sauveur.

b) Sacrifice

Le Saint-Père Jean-Paul II souligne dans l'encyclique sur l'Eucharistie la valeur sacrificielle de la sainte messe. Il remarque que le Seigneur Jésus, qui institue l'Eucharistie, ne se limite par aux paroles : *Ceci est mon corps…, ceci est mon sang…*, mais il ajoute : *livré pour vous…, qui sera versé pour vous* (Mt 26,2 ; Lc 22,19-20). Donc il ne dit pas seulement que ce qu'il donne aux apôtres à manger est Son Corps et Son Sang, mais il affirme que cela possède une valeur sacrificielle qui exprime Son amour pour l'homme, un amour jusqu'à la fin, un amour qui ne connaît pas de mesure.

La sainte messe rend présente le sacrifice de la Croix, permettant aux hommes à toutes les époques d'atteindre la réconciliation avec Dieu, d'atteindre le salut que le Christ a obtenu une fois pour toutes sur le Golgotha pour l'humanité de tous les temps et qu'il a transmis dans l'Eucharistie. Ce qui se répète, c'est la célébration en mémorial, par laquelle le sacrifice rédempteur du Christ se rend présent dans le temps (EE 12), mais le sacrifice du Christ est toujours unique et le même, celui que le Christ fit il y a deux mille ans et auquel nous, qui vivons au XXIe siècle, accédons grâce à la sainte messe.

Sainte Sœur Faustine pénètre cette réalité en profondeur. Sans doute sa grande foi y est secondée par les visions du Christ qui souffre et se sacrifie pour le monde. Elle note dans le *Petit Journal* : *Durant la sainte messe, j'ai vu le Seigneur Jésus cloué sur la croix, dans de grands supplices. Un faible gémissement sortait de Son Cœur, après un moment Il dit : « Je désire, je désire le salut des âmes ; aide-moi, ma fille, à sauver les âmes. Joins tes souffrances à ma Passion et offre-les au Père céleste pour les pécheurs »* (P.J. 1032). Dans les visions eucharistiques, le Seigneur Jésus fait connaître à Sœur Faustine le grand prix qu'il a payé pour l'œuvre du salut de l'homme, il lui apprend l'amour, la valeur du sacrifice et de la souffrance : *Aujourd'hui pendant la sainte messe, j'ai vu le Seigneur Jésus dans les souffrances, comme s'Il agonisait sur la croix – Il m'a dit : « Ma fille, médite souvent les souffrances que pour toi j'ai subies, et rien de ce que tu souffres pour moi ne te semblera extraordinaire. C'est lorsque tu médites ma douloureuse Passion que tu me plais le plus ; joins tes petites souffrances à ma douloureuse Passion, afin qu'elles prennent une valeur infinie devant ma majesté »* (P.J. 1512, P. J. 1628).

Sœur Faustine a parfaitement compris que l'amour miséricordieux de Jésus qu'elle a connu et éprouvé dans l'Eucharistie, appelle la réciprocité. Elle nota : *Pendant la sainte messe j'ai été animée d'un tel feu intérieur d'aimer Dieu et de sauver les âmes, que je ne saurais l'expliquer. Je sens que je suis tout entière un feu, je vais lutter contre le mal avec les armes de la miséricorde. Je suis consumée du désir de sauver les âmes ; je parcours le monde entier en long et en large, je vais jusqu'aux lieux les plus sauvages pour sauver les âmes. Je le fais par la prière et le sacrifice* (P.J. 745). Pendant l'Eucharistie, elle a maintes fois souffert de douleurs stigmatiques dans les mains, les pieds et le côté, et la douleur de la couronne d'épines (P.J. 759, 942 et autres), grâce à quoi elle a participé plus pleinement à l'œuvre du salut des âmes de Jésus.

Elle savait parfaitement que l'Eucharistie ne consistait pas seulement à rendre présente l'œuvre salvatrice du Christ, mais elle donnait également la possibilité d'adhérer à cette œuvre en offrant sa vie, en déposant sur l'autel de Jésus tout ce dont la vie humaine se compose. C'est chaque jour, en assistant à la sainte messe, qu'elle s'offrait avec Jésus au Père céleste pour tout et en se rendant entièrement à Sa sainte volonté (P.J. 668, 1246). Elle désirait tellement se rendre semblable à Jésus qui s'offre pour le salut du monde, qu'elle Lui demandait de la transformer en une autre hostie. Elle pria : *Je veux être une hostie vivante pour Toi. Tu es un grand Seigneur, tout-puissant, Tu peux m'accorder cette grâce. – Et le Seigneur me répondit : « Tu es une vivante hostie agréable au Père céleste, mais médite ce qu'est une hostie – sacrifice, eh bien… ? » Ô mon Jésus, je comprends la signification de l'hostie, je comprends la signification du sacrifice. Je désire être devant Ta majesté une hostie vivante, cela veut dire un vivant sacrifice, qui tous les jours brûle en Ton honneur* (P.J. 1826). Sœur Faustine fit cette offrande chaque jour, silencieuse et cachée, comme est cachée la présence de Jésus dans la blanche hostie.

Son sacrifice commun quotidien avec Jésus pendant la sainte messe témoigne de sa foi mûre, de son espérance et de son amour pour Dieu et pour les hommes, de sa participation devenu plus entière de jour en jour à la vie de Jésus et Sa mission salvatrice qui a révélé le plus pleinement au monde la Miséricorde de Dieu.

c) Banquet

Le Sacrifice eucharistique tend en soi à notre union intime, à nous fidèles, avec le Christ à travers la communion (EE 16). L'Eucharistie est un vrai banquet, dans lequel le Christ nous nourrit de Son Corps et de Son Sang, en s'unissant à nous le plus étroitement et fait grandir en nous le don de son esprit (EE 17). La sainte communion est un avant-goût du ciel et une garantie de notre résurrection, car Jésus dit : *Celui qui mange ma chair et boit mon sang a la vie éternelle, et moi, je le ressusciterai au dernier jour* (Jn 6,54).

Sœur Faustine était parfaitement consciente du don de l'union la plus étroite avec Jésus en la sainte communion. Cette conviction se laisse voir dans la prière dans laquelle elle demande que le sang sain et pur de Jésus circule dans ses veines et que Son corps pur et sain transforme son organisme malade (P.J. 1089). Elle voit dans la sainte communion l'amour insondable de Jésus qui s'abaisse au point de devenir de la nourriture pour Ses créatures auxquelles il s'unit ainsi le plus étroitement possible. Elle avouait en priant : *Ô Jésus miséricordieux, avec quel désir Tu Te hâtais vers le Cénacle pour consacrer l'hostie que je vais recevoir dans ma vie. Tu as désiré, ô Jésus, demeurer dans mon cœur, Ton Sang vivant se mêle à mon sang. Qui comprendra cette étroite union ? Mon cœur renferme le Tout-Puissant, l'Insaisissable. Ô Jésus, donne-moi Ta vie divine, que Ton sang pur et noble palpite de toute sa force dans mon cœur. Je te donne tout mon être, change-moi en Toi et rends-moi capable d'accomplir en tout Ta sainte volonté et de T'aimer en retour* (P.J. 832).

Consciente de la grandeur du don du saint banquet, elle s'efforçait d'accueillir l'Hôte divin dans son âme avec dignité, foi et amour. Elle faisait preuve d'ingéniosité, ce dont témoigne son cahier intitulé *Ma préparation à la sainte Communion*. elle recevait Jésus comme Époux, une autre fois comme Roi, Seigneur, Donneur et amour Lui-même. Elle recherchait chaque fois d'avoir une grande foi et un amour ardent afin de faire plaisir à Jésus et de puiser dans cette rencontre avec Lui la force, la lumière et la résistance aux difficultés de l'existence. Elle affirmait : *Je crains le jour où je ne communie pas. Ce Pain des forts me donne toute la force pour accomplir cette œuvre et j'ai le courage de faire tout ce qu'exige le Seigneur. Le courage et la force qui sont en moi ne viennent pas de moi, mais de Celui qui demeure en moi – c'est l'Eucharistie* (P.J. 91). La sainte communion multipliait ses forces spirituelles et lui donnait du courage pour supporter les sacrifices quotidiens (P.J. 1386), elle l'aidait à surmonter la peur de la souffrance (P.J. 876), elle la fortifiait dans l'accomplissement fidèle de la volonté de Dieu et transformait entièrement son existence. Elle avouait : *Tout ce qu'il y a de bon en moi – c'est la sainte Communion qui l'a fait, c'est à elle que je dois tout. Je sens que ce saint feu m'a complètement transformée* (P.J. 1392). *Quel grand mystère la sainte Communion accomplit en nous – nous le saurons seulement dans l'éternité. Ô moments les plus précieux de la vie !* (P.J. 840).

Sœur Faustine parlait de la sainte communion d'abord comme d'un don inconcevable de la Miséricorde divine. Seul l'amour miséricordieux de Dieu pour l'homme était capable d'un tel don. Jésus a fait connaître à Sœur Faustine sa douleur due au fait que ce don de Son amour est souvent non reconnu et rejeté par l'homme. Il dit : *Ah, combien il m'est douloureux que les âmes s'unissent si peu à moi au cours de la sainte Communion. J'attends les âmes mais elles sont indifférentes envers moi. Je veux les combler de grâces – elles ne veulent pas les accepter. Elles me traitent comme quelque chose de mort et pourtant j'ai le cœur plein d'amour et de miséricorde. Afin que tu connaisses ne serait-ce qu'un peu ma douleur, imagine la plus tendre des mères qui aime beaucoup ses enfants, mais ses enfants méprisent l'amour de leur mère ; considère sa douleur, personne ne peut la consoler. Ce n'est là qu'une bien pâle image et une faible ressemblance de mon amour* (P.J. 1447, cf. 1385). Cette leçon au sujet de l'amour miséricordieux de Dieu dans la sainte communion exhortait Sœur Faustine à L'aimer davantage afin de compenser l'indifférence, l'ingratitude et la froideur des âmes (P.J. 1385).

Vivre de l'Eucharistie

Sœur Faustine poursuivait la rencontre avec Jésus eucharistique toute la journée : *Jésus, lorsque Tu viens à moi dans la sainte Communion. – Toi, qui as daigné demeurer avec le Père et le Saint-Esprit dans le petit ciel de mon cœur – je tâche de Te tenir compagnie pendant toute la journée, je ne Te laisse pas seul un seul instant* (P.J. 486). Elle tâchait de tenir compagnie à Jésus même en travaillant ou occupée avec des gens. Son cœur demeurait entièrement à la disposition du Maître qui parvenait à de nombreuses âmes grâce à sa prière, son sacrifice et ses actions. Elle écrivait : *Même dans les affaires les plus importantes qui exigent un effort d'attention, je ne perds pas la présence de Dieu dans mon âme et je Lui reste étroitement unie. Avec Lui, je vais à mon travail, avec Lui je vais en recréation, avec Lui je souffre, avec Lui je me réjouis, je vis en Lui et Lui en moi. Je ne suis jamais seule, car Il est mon compagnon de tous les instants. Notre intimité est étroite par l'union du sang et de la vie* (P.J. 318).

Les fruits de l'Eucharistie dans la vie spirituelle de sainte Sœur Faustine étaient proportionnels aux efforts et aux préparatifs qu'elle faisait chaque jour. Non seulement elle tâchait de vivre dans l'état de grâce sanctifiante, mais encore, elle vivait tous les événements et les affaires quotidiennes en présence de Dieu, en s'unissant à Jésus qui demeurait dans son âme. Même quand elle était malade, elle se levait dès l'aube pour pouvoir faire la méditation avant la sainte messe et se préparer ainsi à l'Eucharistie dans le recueillement (P.J. 802). Les rencontres avec Jésus eucharistique étaient au cœur de chacune de ses journées, car elles représentaient les instants les plus solennels de son existence, comme elle l'avouait elle-même. Elle attendait ces instants chaque jour et en rendait grâce à la Sainte Trinité (P.J. 1804). Elle avouait sincèrement que si elle n'avait pas l'Eucharistie, elle n'aurait pas pu poursuivre le cheminement que Dieu lui avait destiné (P.J. 91, 1037).

Elle passait beaucoup de temps à adorer le Très Saint Sacrement. *Je passerai tous mes moments libres aux pieds du Maître, caché dans le Très Saint Sacrement. Là, Il m'enseigne depuis mes plus jeunes années* (P.J. 82), écrivit-elle. Elle venait au tabernacle avec toutes les affaires qui la préoccupaient aux instants de joie et de tristesse, afin de partager toute sa vie avec Jésus. Elle disait : *Je me rappelle que j'ai reçu le plus de lumière pendant les adorations que je faisais une demi-heure chaque jour, durant le Carême, allongée les bras en croix devant le Très Saint Sacrement. J'approfondis alors la connaissance de moi-même et de Dieu* (P.J. 147). Jésus l'encourageait à méditer Son amour dans le Très Saint Sacrement. Il l'assurait : *Là je suis tout entier pour toi, âme, corps et Divinité* (P.J. 1770).

Quand elle ne pouvait pas aller à la chapelle, elle adorait Jésus dans son âme. Le Seigneur Jésus lui avait appris que seul le péché grave Le chassait de l'âme (P.J. 1181). Convaincue de Sa présence dans les profondeurs de son être, loin du regard des autres, elle demeurait en présence de son Époux. *Quel bonheur d'avoir conscience de Dieu en son cœur et de vivre en étroite intimité avec Lui* (P.J. 1135), affirme-t-elle.

Sœur Faustine exprime l'amour de l'Eucharistie en tant que don inconcevable de l'amour miséricordieux de Dieu pour l'homme, notamment par le prédicat qu'elle ajoute à son nom de religion : elle signe ses notes « Sœur Faustine du Très-Saint-Sacrement », ce qui témoigne de son grand amour de l'Eucharistie.

DÉVOTION À NOTRE-DAME

La dévotion à Notre-Dame est un autre élément significatif de la spiritualité de Sœur Faustine. Elle s'y initiait dès sa plus tendre enfance. Enfant, elle entendait dès le matin son père louer la Sainte Vierge par le chant des *Petites Heures sur l'Immaculée Conception*. Dans la famille Kowalski, il fut une tradition de chanter ensemble, au mois de mai, les *litanies de Notre-Dame de Lorette* et de prier le *rosaire* en commun, au mois d'octobre. À l'intérieur de la maison, près d'un petit crucifix était placée une petite statue de Notre-Dame devant laquelle on s'agenouillait chaque jour pour la prière ; un petit calvaire était suspendu au poirier devant la maison : on s'y rassemblait pour prier en été. On pourrait dire que Marie était présente dans la vie de Sœur Faustine dès le berceau et qu'il lui semblait évident de s'adresser à elle dans chaque besoin. Pour cette raison, lorsque la jeune Hélène vint à Varsovie afin de trouver le couvent pour y entrer, elle chercha d'abord conseil et aide auprès de Notre-Dame. Elle se souvint de ces événements après des années et les décrivit ainsi dans son *Petit Journal : Et je vis que chacun des passagers prenait sa route, la frayeur me saisit : que faire ? Où m'adresser, ne connaissant personne. Et je dis à la Mère de Dieu : Marie, conduis-moi, guide-moi. Aussitôt j'entendis dans mon âme ces paroles : que je devais quitter la ville pour un village, où je passerais la nuit en sûreté, ce que je fis et je trouvai tout comme la Mère de Dieu me l'avait dit* (P.J. 11). La description de cet événement témoigne de la simplicité de cette jeune fille de dix-neuf ans dans sa relation avec la Mère de Dieu et de la diligence avec laquelle elle écoutait Ses recommandations.

À l'âge de vingt ans, la petite Hélène Kowalska entra à Varsovie dans la congrégation des Sœurs de Notre-Dame de la Miséricorde, au sein de laquelle sa dévotion à Marie ne fit que se développer et s'approfondir. Désormais, elle était, en effet, *fille* de celle qui avait consacré toute Sa vie à l'œuvre salvatrice de Son Fils. En bonne *enfant*, elle apprenait de sa divine Mère comment accomplir sa vocation, comment collaborer avec Jésus miséricordieux dans l'œuvre du salut des âmes égarées, comment aimer Dieu et les hommes.

Marie – Mère

Parmi tous les titres très nombreux à travers lesquels Marie est vénérée dans le christianisme, dans les écrits de Sœur Faustine apparaît ce titre le plus cher du cœur humain : *Mère, Mère de Dieu et sa Mère*.

Dans la congrégation à laquelle le Seigneur Jésus appela Sœur Faustine, la Très Sainte Vierge est vénérée d'une manière toute particulière sous le vocable de Notre-Dame de la Miséricorde. Elle est, en effet, celle qui a expérimenté la Miséricorde de façon exceptionnelle, puisqu'elle fut préservée de la souillure du péché originel, comblée de la plénitude de grâce et élevée à la dignité de Mère du Fils de Dieu. C'est elle qui donna au monde la Miséricorde incarnée. Marie est en même temps celle qui *d'une manière exceptionnelle a rendu possible par le sacrifice du cœur sa propre participation à la révélation de la Miséricorde divine* (DM 9), lorsqu'elle fut amenée à comparaître sur le calvaire, sous la croix de Son Fils. Ainsi connaît-elle *le plus à fond le mystère de la Miséricorde divine. Elle en sait le prix, et sait combien il est grand* (DM 9). Marie, *par sa participation cachée, mais en même temps incomparable à la tâche messianique de Son Fils, a été appelée d'une manière spéciale à rendre proche des hommes cet amour qu'Il (Son Fils) était venu à révéler* (DM 9). C'est pour cette raison que les Sœurs de Notre-Dame de la Miséricorde, qui suivent l'exemple de leur Très Sainte Patronne pour collaborer avec la Miséricorde de Dieu dans l'œuvre du salut des âmes égarées, vénèrent Marie sous ce nom précisément. Elle est représentée par une statue de Marie tendant vers les hommes Ses mains (prêtes à venir en aide) qui supportent Son manteau, symbole de protection et de miséricorde de Notre-Dame face aux hommes, appliqué dès le début dans l'iconographie chrétienne.

Sœur Faustine a toujours vénéré Marie comme la Mère du Fils de Dieu, Mère de la Miséricorde incarnée. Jamais elle ne considérait Marie séparément, mais toujours en liaison avec Jésus, en tant que Sa Mère prenant part à Sa mission salvatrice. Dans de nombreuses apparitions à Sœur Faustine, la Très Sainte Mère se présentait à elle souvent accompagnée de Son Fils (P.J. 608, 846 et autres), ou bien en tant que celle qui conduit vers Lui, toute concentrée sur Sa personne et participant à Son œuvre de salut des âmes.

Sœur Faustine a souvent parlé dans son *Petit Journal* du rôle de Marie en tant que Mère de la Miséricorde ; elle y traitait non seulement de la miséricorde dont Marie avait fait preuve elle-même au plus haut degré, mais aussi celle dont Dieu comble les hommes par Son intermédiaire.

Par Elle, comme par un pur cristal,
Ta Miséricorde est passée jusqu'à nous,
par Elle, l'homme est devenu agréable à Dieu,
Par Elle s'écoulent sur nous les torrents
de toutes grâces (P.J. 1746).

Marie n'était pas seulement pour Sœur Faustine la Mère du Fils de Dieu, mais aussi sa propre Mère et Mère de sa vie spirituelle. D'une manière toute spéciale, la Mère de Dieu rappelait à Sœur Faustine la vérité de Sa propre maternité spirituelle, professée par la Sainte Église comme don de la Miséricorde divine. À la fête patronale de sa congrégation, Sœur Faustine a écrit : *je vis la Sainte Vierge, indiciblement belle, qui s'est approchée vers moi de l'autel vers mon prie-Dieu, Elle me serra contre Elle, et me dit ces paroles : Je suis une Mère pour vous par l'insondable Miséricorde de Dieu* (P.J. 449, cf. 805). Elle a dit encore à Sœur Faustine : *Ma fille, sur la recommandation de Dieu, je dois être de façon particulière et exclusive une mère pour toi, mais je désire que toi aussi, tu sois tout particulièrement mon enfant* (P.J. 1414).

Sœur Faustine répondit de tout cœur à ce désir de notre Très Sainte-Mère, en devenant Sa fille aimante et fidèle. Après les vœux perpétuels, ce lien avec Marie comme Mère s'est consolidé encore davantage, ce que Sœur Faustine exprimait de la manière suivante : *Mère de Dieu, Très Sainte Marie, ma Mère, Tu es maintenant plus particulièrement ma Mère, et c'est parce que Ton Fils bien-aimé est mon Époux, nous sommes donc tous deux Tes enfants. Par égard pour Ton Fils, Tu dois m'aimer. Marie, ma Mère bien-aimée, dirige ma vie intérieure pour qu'elle soit agréable à Ton Fils* (P.J. 240).

Ce lien très personnel de Sœur Faustine avec la Très Sainte Mère se laisse percevoir dans différentes circonstances de sa vie quotidienne dont elle parle dans le *Petit Journal*. C'est à Marie qu'elle dédiait les moments de joie, tels que ses vœux perpétuels (P.J. 260), et aussi les moments de souffrance pendant lesquels elle n'hésitait pas à se plaindre. Elle Lui confiait toute son existence : *Ma Mère et ma Reine, je Te confie mon âme et mon corps, ma vie et ma mort et tout ce qui la suivra. Je dépose tout entre Tes mains, ô ma Mère* (P.J. 79). Elle Lui demandait des grâces particulières : *pureté du cœur, de l'âme et du corps* (P.J. 79), la défense contre les ennemis (P.J. 79), la grâce de la fidélité aux inspirations intérieures et l'accomplissement fidèle de la volonté de Dieu (P.J. 170), et tout ceci pour devenir plus agréable à Jésus et pour glorifier dignement Sa Miséricorde, à la face du monde, et pour toute l'éternité (P.J. 220).

La Très Sainte Mère lui fit connaître à maintes reprises Son amour et Sa protection maternels (P.J. 798, 1114). *À un certain moment, la Mère de Dieu me rendit visite. Elle était triste et tenait les yeux baissés ; Elle me fit comprendre qu'Elle avait quelque chose à me dire et, d'un autre côté, il me semblait qu'Elle ne voulait pas me le dire. Lorsque je l'ai compris, j'ai commencé à La prier de me parler et de me regarder. À un certain moment, Marie me regarda avec un affectueux sourire et me dit : Tu vas éprouver certaines souffrances du fait de la maladie et des médecins, beaucoup de souffrances te viendront aussi à cause de cette image, mais ne crains rien. Le lendemain, je tombai malade et je soufrais beaucoup, ainsi que me l'avait dit la Mère de Dieu, mais mon âme était prête à endurer des souffrances* (P.J. 316). Sœur Faustine était consciente que Marie, telle une bonne Mère, veillait, se préoccupait, et était incessamment présente auprès de Son enfant. *Elle seule est toujours avec* moi, écrivait-elle dans son *Petit Journal, comme une bonne Mère elle regarde mes épreuves et mes efforts* (P.J. 798). Sœur Faustine se sentait enfant de la Mère de Dieu au point de désirer que dans le couvent qu'elle avait l'intention de fonder, Marie fût la supérieure et les Sœurs, *Ses filles fidèles* (P.J. 568), ainsi que cela se passait dans sa propre congrégation.

Marie laissait Sa fille spirituelle participer à Ses expériences et mystères. *Tu me causes une grande joie, quand tu adores la Sainte Trinité pour les grâces et les privilèges qu'elle m'a accordés*, partagea-t-elle avec Sœur Faustine (P.J. 564). À la veille de la fête de Noël 1937, Sœur Faustine écrivit : *après la sainte Communion, la Mère de Dieu m'a fait connaître le souci qu'Elle avait au cœur, concernant le Fils de Dieu. Cependant ce souci était empreint d'un tel parfum d'abandon à la volonté de Dieu, que je l'appelle plutôt délice que souci*

(P.J. 1437). Une autre fois, notait Sœur Faustine, *je connus la joie de la Très Sainte Vierge au moment de Son assomption* (P.J. 1244, cf. 182). L'union de Sœur Faustine avec la Très Sainte Mère était extrêmement sincère et étroite, fondée sur la grande intimité qui peut survenir entre la mère la plus aimante et sa fille qui la chérit.

Marie – Modèle et Maîtresse de la vie intérieure

Depuis les tout premiers siècles de la chrétienté, Marie représentait un modèle de vie évangélique basée sur la foi, sur l'espérance et sur l'amour, image de l'union parfaite avec le Christ dans Sa vie et Sa mission apostolique, exemple d'obéissance et de recherche de la volonté de Dieu en tout, de soumission face aux inspirations de l'Esprit saint, de même que de sensibilité face à tous les besoins du prochain.

Pour Sœur Faustine, Marie était avant tout le modèle de l'abandon complet à Dieu, c'est-à-dire de l'accomplissement de Sa sainte volonté, et de la miséricorde envers les hommes. *Dans Son cœur*, écrivit-elle dans le *Petit Journal, il n'y avait pas un seul frémissement qui ne soit tel que le veut Dieu* (P.J. 1710, cf. 1437), bien que, dans Sa vie, le glaive de la douleur eût pénétré Son âme à plusieurs reprises (P.J. 915). En méditant sur la vie de Marie, Sœur Faustine voyait également que la vie parfaite par la foi et, de ce fait, par l'accomplissement de la volonté de Dieu, dépend du degré d'union dans l'amour de Jésus. *Ô Marie*, écrivit-elle, en méditant sur le mystère de la Présentation de Jésus au Temple, *aujourd'hui le terrible glaive pénétra Ta sainte âme, à part Dieu personne ne connaît Ta souffrance. Ton âme n'est pas brisée, mais elle est courageuse, car elle est avec Jésus* (P.J. 915).

La Très Sainte Mère fut pour Sœur Faustine non seulement un modèle de confiance absolue face à Dieu, se traduisant pas Son *fiat* depuis l'annonciation à Nazareth jusqu'aux moments de l'agonie de Son Fils sur la croix, mais aussi le modèle de toutes les vertus, parmi lesquelles elle appréciait tout particulièrement Sa pureté (P.J. 161), Son humilité (P.J. 161), Sa douceur et Son recueillement (P.J. 1398), Sa collaboration cachée avec Jésus dans l'œuvre du salut des âmes et Son abandon total à la personne et à l'œuvre de Son Fils. Marie était pour Sœur Faustine le modèle d'un dévouement virginal à Dieu et, en même temps, de maternité spirituelle à l'égard des âmes ; aussi apprenait-elle auprès de cette Mère à aimer les âmes et à endurer les plus grands sacrifices pour leur salut.

La méditation et la contemplation de la vie de Marie éveillaient chez Sœur Faustine une admiration et un enchantement que, souvent, elle exprimait sous forme de poème :

Ô douce Marie Mère de Dieu,
Sur Toi je modèle ma vie,
Tu es pour moi la lumineuse aurore,
En Toi je sombre avec ravissement.
Ô Mère, Vierge Immaculée,
En Toi se reflète pour moi le rayon de Dieu.
Tu m'apprends comment aimer le Seigneur
au milieu des orages,
Tu es mon bouclier et ma protection
contre l'ennemi (P.J. 1232).

Non seulement Marie fut pour Sœur Faustine un modèle objectif de vie chrétienne qu'il faut viser pour le refléter dans sa propre vie, mais aussi une Personne engagée activement dans la formation de la vie spirituelle, ainsi l'appelait-elle sa Maîtresse (P.J. 620), Maîtresse de sa vie intérieure, qui ne se limite pas à enseigner de la pure théorie comment vivre pour Dieu et pour les âmes, mais qui le montre par l'exemple de Sa propre vie. Sœur Faustine abandonna donc à Marie sa vie intérieure en pleine confiance, en Lui demandant de la guider. *Ô Vierge rayonnante, pure comme le cristal, toute plongée en Dieu*, s'adressait-elle à Notre-Dame dans la prière, *je Te confie ma vie intérieure, arrange tout pour que cela soit agréable à Ton Fils* (P.J. 844). Elle réitéra ses suppliques à maintes reprises, alors que Marie, la meilleure des Mères, lui apprenait comment agir, à quoi s'exercer, à quoi faire attention dans la vie intérieure, et la soutenait dans ces efforts en lui obtenant les grâces nécessaires.

Marie lui apprit avant tout à découvrir Dieu dans son âme. *La Mère de Dieu m'apprend cette vie intérieure de l'âme avec Jésus, surtout dans la sainte Communion* (P.J. 840), écrivit-elle. Mais non pas seulement à ce moment-là. Lors des préparatifs de la fête de Noël, elle proposait à Sœur Faustine l'adoration permanente de Jésus présent dans son âme. Elle l'instruisait : *Ma fille, efforce-toi à la douceur et à l'humilité pour que Jésus qui habite constamment dans ton cœur puisse se reposer. Adore-Le dans ton cœur, ne sors pas de ton intérieur* (P.J. 785). Sœur Faustine suivit fidèlement les conseils de la Mère de Dieu, Ses incitations à l'intimité avec Dieu au fond de son âme, à la découverte, là, de Sa présence et de Son action. Ainsi ne cherchait-elle pas Dieu dans le lointain, mais elle focalisait toute sa vie intérieure sur le développement du lien avec Lui vivant dans son âme.

La Très Sainte Vierge l'exhortait aussi à un accomplissement fidèle de la volonté de Dieu. Elle lui disait : *Ma fille, je te recommande vivement de réaliser tous les souhaits de Dieu, car c'est ce qui est le plus agréable à ses yeux. Je désire vivement que tu te distingues par ta fidélité à accomplir la volonté de Dieu. Place cette volonté de Dieu bien au-dessus de tous les sacrifices et holocaustes* (P.J. 1244). Elle l'instruisait comment accueillir tous les souhaits de

Dieu en petite enfant, sans tâcher de les scruter trop, car autrement cela déplairait à Dieu (P.J. 529), puisque cela signifierait un manque de confiance à l'égard de Sa sagesse, de Sa toute-puissance et de Son amour. Marie indiquait elle-même, sur l'exemple de Sa vie qu'elle laissait d'ailleurs pénétrer à Sœur Faustine, en quoi consistait l'accomplissement de la volonté de Dieu : il ne s'agissait pas seulement de la réaliser extérieurement, mais de la soumettre intérieurement à celle de Dieu (P.J. 1437). Sœur Faustine avouait en toute sincérité que Marie lui avait *appris à aimer Dieu intérieurement et comment accomplir en tout Sa sainte volonté* (P.J. 40), sans l'accomplissement de laquelle il était impossible de plaire à Dieu (P.J. 1244) et à la Mère de Dieu. *L'âme qui m'est la plus agréable est celle qui accomplit fidèlement la volonté divine*, l'assura Marie (P.J. 449).

La Croix est intrinsèquement liée à l'accomplissement fidèle de la volonté divine. C'est pourquoi, maintes fois, la Mère de Dieu a enseigné à Sœur Faustine l'art de recevoir et d'assumer la souffrance qui n'épargne personne. *Sache, ma fille*, lui disait Marie, *que quoique j'aie été élevée à la dignité de Mère de Dieu sept glaives de douleur ont transpercé mon cœur* (P.J. 786). Elle conseilla à Sœur Faustine de *fixer toujours*, même aux moments de joie, *son regard sur la Croix* (P.J. 561), sur la Passion de Son Fils, et de cette manière elle remporterait la victoire

(P.J. 449). En indiquant l'exemple de Sa propre vie, Marie enseignait à Sœur Faustine de ne pas contourner ni éviter la Croix, mais de l'accueillir toujours, car elle était inséparable des projets de Dieu. La Croix accueillie conduit toujours à la victoire, à la purification de l'âme et, par ce fait même, à une union plus étroite avec Jésus et à une participation plus complète à Sa mission salvatrice.

Fille de Notre-Dame de la Miséricorde, Sœur Faustine devait, en plus, posséder les vertus d'humilité, de douceur, de pureté, d'amour de Dieu et du prochain, de pitié, de miséricorde (P.J. 1244). La Mère de Dieu lui dit une autre fois : *Je désire, ma très chère fille, que tu t'exerces à trois vertus qui me sont chères entre toutes et qui sont les plus agréables à Dieu : la première, c'est l'humilité, l'humilité et encore l'humilité ; la deuxième – la chasteté ; la troisième – l'amour envers Dieu. En tant que ma fille, tu dois particulièrement briller par ces vertus* (P.J. 1414-15).

Maîtresse de sa vie intérieure, Marie donnait à Sœur Faustine non seulement des indications relatives à sa perfection personnelle, mais aussi à la mission apostolique que le Christ Seigneur lui confiait et qui était étroitement liée à cette perfection. La première tâche apostolique de Sœur Faustine était de prêcher au monde le mystère de la Miséricorde de Dieu, en vertu de quoi il devrait se préparer à la seconde venue du Christ. Marie fortifiait Sœur Faustine dans l'accomplissement de cette mission dont elle lui montrait le rôle immense : *J'ai donné au monde le Sauveur et toi, tu dois parler au monde de Sa Miséricorde et préparer le monde à la seconde venue de Celui qui viendra* (…). *Parle aux âmes de cette grande Miséricorde, tant que c'est le temps de la pitié ; si tu te tais maintenait, tu répondras en ce jour terrible pour un grand nombre d'âmes* (P.J. 635). Ayant prononcé ces paroles pleines de gravité et de responsabilité, la Très Sainte Mère l'assura : *N'aie peur de rien, sois fidèle jusqu'à la fin, je compatis avec toi* (P.J. 635).

La seconde tâche apostolique nouvelle de Sœur Faustine était d'obtenir la Miséricorde divine pour le monde entier. La Mère de Dieu la soutenait dans cette mission également, en lui montrant Son propre modèle de vie cachée et de prière d'intercession. Elle disait à Sœur Faustine : *Votre vie doit être semblable à la mienne, douce, cachée, unissez-vous sans cesse à Dieu, vous devez intercéder pour l'humanité et préparer le monde à la seconde venue de Dieu* (P.J. 625). Une fois, la Mère de Dieu ne lui a pas simplement demandé de prier, mais elle lui a ordonné de prier : *Ma fille, j'exige de toi des prières, des prières et encore des prières pour le monde, et en particulier pour ta Patrie* (P.J. 325).

En tant que Maîtresse la plus parfaite de sa vie intérieure, la Très Sainte Mère transmettait à Sœur Faustine les principes fondamentaux de vie avec

Dieu, en attirant son attention toute particulière sur la découverte de Sa présence dans l'âme et sur le développement du lien personnel avec Lui dans l'existence quotidienne, sur l'accomplissement de Sa volonté, en tant qu'expression de confiance et d'amour envers Lui, sur l'exercice des vertus théologales (foi, espérance et charité) et morales (notamment humilité, miséricorde envers le prochain), sur l'amour de la Croix dont dépend le degré d'union avec Dieu et la fécondité du travail apostolique. Elle fortifiait Sœur Faustine dans sa mission de prêcher le mystère de la Miséricorde divine et de l'implorer pour le monde.

Sœur Faustine s'est avérée une élève très apte et fidèle de la Mère de Dieu. Non seulement elle suivit Ses conseils, recommandations et commandements, mais encore elle les remplit consciencieusement. *Ce mois-ci*, notait-elle dans le *Petit Journal, j'exercerai les trois vertus que la Mère de Dieu m'a recommandées : l'humilité, la pureté et l'amour de Dieu, acceptant, avec une profonde soumission à la volonté de Dieu, tout ce qu'Il m'enverra* (P.J. 1624). Pendant l'Avent, elle imitait Marie en douceur et recueillement de l'esprit (P.J. 1398), pour préparer ainsi son cœur à la venue du Seigneur Jésus. Une autre fois, elle prit la résolution de s'exercer à la douceur et à l'humilité (P.J. 729) et, par des actes jaculatoires, elle demandait à Marie de l'unir à Jésus (P.J. 162). Elle tâchait de répondre à tous les désirs de la Mère de Dieu, même à ceux qui concernaient la façon de se comporter dans des situations données (P.J. 1250). C'est avec un grand empressement et un zèle extraordinaire qu'elle remplissait aussi les demandes de prier aux diverses intentions que la Mère de Dieu lui indiquait (P.J. 1206, 32, 286, 330, 182 et autres).

Sœur Faustine savait que pour s'exercer aux vertus et pour le développement de la vie avec Jésus, il lui fallait de la grâce actuelle, c'est pourquoi elle sollicita très souvent l'aide de la Mère de Dieu pour l'obtention des grâces nécessaires. *Je demandais ardemment à la Mère de Dieu qu'Elle m'obtienne la grâce de la fidélité aux inspirations intérieures et que j'accomplisse fidèlement la volonté de Dieu* (P.J. 170). Avant chaque sainte communion, elle priait Marie de l'aider à se préparer à recevoir le Seigneur Jésus dans l'âme, qu'elle allumât dans son âme le feu dont flambait Son cœur au moment de l'incarnation (P.J. 1114). *Je vis sous le manteau virginal de la Mère de Dieu*, avoua-t-elle, *elle me garde et m'instruit ; je suis tranquille près de Son Cœur Immaculé, car je suis si faible et si inexpérimentée que je me blottis dans Son Cœur comme un petit enfant* (P.J. 1097).

L'imitation de Marie et l'accomplissement de Ses ordres apporta très vite les fruits attendus dans la vie de Sœur Faustine. *Plus j'imite la Mère de Dieu, plus j'apprends à connaître Dieu profon-*

dément, écrivit-elle (P.J. 843). L'imitation fidèle de Marie sanctifiait son âme (P.J. 161) et la menait à l'union étroite avec Jésus. La dévotion de Sœur Faustine à Notre-Dame ne revêtait pas une forme de fausse dévotion, elle n'était pas que piété *à Marie*, mais avant tout dévotion *à l'image de Marie*. Sœur Faustine non seulement priait Marie, célébrait Ses fêtes, mais aussi elle L'imitait avec ferveur. Elle apprenait de la Vierge à pénétrer le mystère de la Miséricorde divine et à le contempler au quotidien, à être confiante en Dieu et à témoigner la miséricorde aux autres, à participer à la vie et à la mission de Jésus, à Son œuvre de salut des âmes égarées. Sœur Faustine fut une élève fidèle et bien-aimée de Notre-Dame de la Miséricorde, reflétant en sa vie la Sienne, douce et cachée, mais en même temps féconde dans la mission de salut de Jésus.

***

L'école de spiritualité de Sœur Faustine trouve aujourd'hui un grand nombre de disciples qui suivent ses sillons et s'efforcent de vivre dans l'attitude de la confiance en Dieu et de la miséricorde envers le prochain. C'est un modèle de perfection chrétienne particulièrement adapté à notre époque qui, elle, se caractérise par un immense désordre moral, relativisme, libéralisme, et une vue matérialiste de l'homme qui met confiance en la force de son intelligence et en la puissance de l'argent. À une époque comme la nôtre, Sœur Faustine apparaît comme un signe qui dit qu'en définitive, ce ne sont pas l'argent ou d'autres valeurs temporelles qui comptent dans la vie de l'homme, mais le salut auquel il devrait aspirer sur cette terre. Pourtant, tout seul, il n'y arrivera pas ni ne saura construire de bonheur durable sans la grâce de Dieu, avec laquelle il doit collaborer chaque jour, et veiller à confier de plus en plus sa vie en Dieu, et aussi à devenir pain pour son prochain.

La spiritualité de Sœur Faustine est très *saine*, car d'une part elle nous préserve de la fausse dévotion (qui limite la vie chrétienne à la seule prière), puisqu'elle nous impose l'accomplissement des actes de miséricorde, et d'autre part, elle nous préserve de l'horizontalisme pratique (qui voudrait réduire la vraie religion aux seules œuvres de charité), puisqu'elle exige un contact vivant avec Dieu. Ainsi peut-on acquérir dans l'école de Sœur Faustine un savoir solide, en cette matière la plus difficile qu'est l'art de vivre dans l'esprit de la confiance d'enfant envers Dieu et de la miséricorde à l'égard du prochain. Cette spiritualité est fondée sur la connaissance et la contemplation dans la vie quotidienne du mystère de la Miséricorde divine. Elle a pour nourriture et force l'amour de l'Eucharistie, pour garantie, la soumission à l'Église, pour rempart et modèle, la dévotion à Notre-Dame de la Miséricorde.

TABLE DES MATIÈRES

Achevé d'imprimer en mai 2014
sur les presses des Éditions Téqui
53150 Saint-Céneré
Dépôt légal : juin 2014
ISBN : 978-2-7403-0982-7